# 手繪義大利的每一天

須臾 ＊ 圖文

- 波隆那美術學院漫畫系碩士，現為獨立插畫師，自由創作人
- 作品曾兩度入選義大利波隆那童書展及金風車國際青年插畫家大賽
- 2019年在義大利波隆那舉行個人畫展「saluti dall italia」
- 2020成立「須臾工作室」，與故宮博物院、義大利modo shop、北京中青旅等皆有合作
- 2021年以《醜石》及《野營記》獲得Hiii Illustration國際插畫大賽優異獎
- 2023年以《Summer Holiday》榮獲「美國傳達藝術獎」插畫大賽最佳作品獎
- 2024年在巴黎舉行個展「一個人的小世界」
- 出版作品包括童書《醜石》、個人繪本《一個人的義大利》、《一個人的小世界》等

# 前言

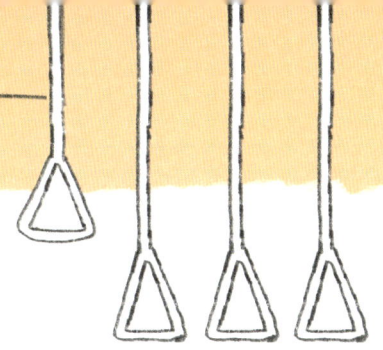

這本書畫了三年,畫完又「囤」了三年。

六年過去了,終於等到一個契機將它出版。

2016年,我隻身飛到義大利學習。故事是從這裡開始的。

我碰到了一群有故事的人,這群人影響了我的價值觀和世界觀。

這些人,有的人在人生的起起伏伏裡尋找自己,有的人在愛情中「迷失」了自己,也有的人一生糊塗卻快活一生。每個人都有自己的故事,每個故事都精彩絕倫。難能可貴的是,因為他們的故事,我有了不屈不撓向前走的勇氣。

我忽然想起電影《托斯卡尼艷陽下》的一句臺詞:若是把葡萄鬚埋在土裡,它就會生根發芽,同樣的道理,不時改變一下生活方式,思想便會深邃很多。

我喜歡去世界各地生活,不同的生活方式影響著我的方方面面。

我在托斯卡尼的一個小村莊裡生活了十一個月,每天享受藍天、白雲、綠草地。後來也在義大利南部的西西里小住過半個月。

青春得意,「年輕氣盛」就是件了不起的事。

搬去波隆那以後，我遇到了我的「神經質」房東埃里克，他擁有義大利人所有不可靠的特質，但是極為善良，又待人溫厚。後來，我的室友艾馬從義大利南部搬到博洛尼亞，我們三個人常常一起吃飯、旅遊、喝酒、看球、去舞廳酒吧，我們還一起養了隻布偶貓。再後來，埃里克失戀、失業又失意，我們在他的人生低潮期起了不小的作用。

　　發生在異國他鄉的這段友情，如此珍貴。

　　波隆那城中心雖小，文化內容卻很豐富。在這樣一個直徑只有三千公尺的六邊形內，錯落有致地分佈著三十多座美術館和博物館、二十多家書店、三座大學、餐館若干，冰淇淋店更是數不勝數。波隆那中心廣場的教堂前常常有藝術展，夏天的時候會有露天電影放映，我常常在那裡看經典的老片子。

　　就是沐浴在這樣一種天然的藝術氛圍下，我的繪畫素材日益增長，我的畫風受到了潛移默化的影響。我留學所學到的東西不在課堂上，而是在這樣一種天然的大氛圍下。

　　在波隆那的生活是我生命裡一段閃閃發光的日子。

　　再後來，我去比利時旅行的時候，陰差陽錯地遇見了自己的愛情。因為訂錯了民宿地址，將錯就錯跑到比利時的瓦夫爾而遇見了某人。

　　看起來，我的生命裡全是意外：意外地接了一個留學仲介的電話，就這樣飛到義大利，意外地租到埃里克的房子，意外地撞見愛情。

　　而我相信一切都是命中註定。

我聽說過這樣一個故事。在奧地利和義大利之間，阿爾卑斯山有一段路叫塞梅林（Semmering），十分陡峭險峻。他們在上面建了鐵路，用來連接維也納和威尼斯。這些鐵路在還沒有火車的時候就建好了，因為他們知道有一天火車一定會來。

還有一個絕妙的義大利老笑話，説的是一個窮人每天去教堂，在一位聖人的神像面前祈禱：「敬愛的神啊，拜託祢，拜託祢讓我中彩票吧！」最終，神像被激怒復活了，祂俯視正在祈禱的窮人説：「子民啊，拜託你，拜託你去買張彩票吧！」

所以，放手去做吧，人生苦短，我們要活得精彩。永遠保持童真般的熱情，一切都會如願以償。

人出生的時候沒帶東西來，離開的時候也帶不走什麼，唯有經歷與體驗，才能真正屬於你。

# 目次

## 托斯卡尼艷陽下

田園廣場 / 12

歡樂噴泉 / 13

賽馬人生 / 14

錫耶納象徵性雕塑 / 16

教堂 / 17

錫耶納主教堂 / 18

托斯卡尼鄉間小村 / 19

不負好春光 / 20

垃圾不分類是要罰款的 / 21

乳酪王國 / 22

托斯卡尼艷陽天 / 24

小日子 / 24

入鄉隨俗 / 28

迷你義大利 / 30

錫耶納的火車站 / 32

生意經 / 33

羅莎和奧蘿拉 / 35

托斯卡尼古堡莊園的游泳池 / 36

托斯卡尼之夜 / 38

## 西西里的故事

海邊婚禮 / 43

緣起 / 44

老司機的營地生活 / 46

沙灘裸奔記 / 50

出海行動 / 52

他的海洋是一滴淚 / 57

孤獨 / 68

西西里的甜食 / 69

離開西西里的郵輪 / 70

## 波隆那小時光

紅色的波隆那 / 74

波隆那大街小巷的書店 / 83

幾米簽名會 / 84

體驗一種蝸牛式的辦事效率 / 88

快樂的失敗者 / 92

人生就是要學會告別 / 102

房子真是羈絆一生的問題 / 104

房子風波 / 108

平安夜的糖 / 116

芬芳的花朵 / 120

聖誕 / 123

波隆那博物館之旅 / 128

## 山間烏爾比諾

烏爾比諾 / 139

山居老人 / 141

大衛的愛情故事 / 146

小J與艾瑞克 / 154

飛蛾撲火 / 160

## 歐洲走馬看花

吃在義大利 / 168

乳酪大作戰 / 171

舉世聞名的冰淇淋 / 172

咖啡時光 / 174

披薩的起源 / 178

披薩的革命 / 179

「瑪格麗特」披薩 / 180

甜蜜在我心 / 181

開胃酒 / 182

巴黎簽到記 / 184

初來乍到 / 184

清潔工老太太 / 188

10　手繪義大利的每一天

這裡是義大利的錫耶納（Siena）。

# 田園廣場

　　也許你知道錫耶納的田園廣場（Piazza del Campo），因為它太有名了。你可以選一個陽光明媚的午後，躺在這座「貝殼廣場」（田園廣場別稱，因其俯瞰圖像個貝殼），任憑陽光輕輕撫摸你的臉龐。你可以在這裡寫明信片、發呆、餵鴿子，對了，這裡的鴿子已經胖到飛不起來；你也可以挽著某人的臂膀，夕陽西下時，在廣場的一片餘暉裡散步，光陰也會在此駐足。而我的初吻就是在這樣一個中世紀風情的小鎮裡丟失了。

# 歡樂噴泉

　　這就是田園廣場上的歡樂噴泉（Fonte Gaia）。在義大利的大街小巷，噴泉真的太普遍了，在家家戶戶可以使用自來水管道之前，這就是人們的飲用水和生活用水來源。精美絕倫的泉座上是神、人與獸的雕像，在片片光影中把人帶回遙遠的時代。而今，這些美麗的噴泉正在漸漸消失。

# 賽馬人生
（palio）

如果你在錫耶納，一定不要錯過每年7～8月的賽馬節，它會讓你體驗到什麼叫座無虛席、人聲鼎沸。為了看一場比賽，我們需要提前6小時去廣場，才能找到一個比較靠前的位子。而真正比賽的時間，只有那短短的3分鐘。

賽馬是錫耶納當地的一種文化，獲勝者可以贏得超級大獎，能解決好多年的生活費問題。當然也有不少人在訓練中就不幸地失去了性命。

賽馬手是每個街區的代表。錫耶納市區由17個街區組成。17個街區中每年只有10個街區的代表能參加比賽。除去上一年沒能參賽輪流下來的7個代表以外，剩餘的3個參賽選手的名額透過抽籤臨時決定。

## 錫耶納象徵性雕塑

別忘了跟「錫耶納狼」合影。這是錫耶納的標誌性建築。這匹狼只出現在錫耶納和羅馬。圖為母狼正在哺乳兩個小孩——雷莫（Remus）和羅慕洛（Romulus），兩兄弟一個創立了錫耶納，一個創立了羅馬。

## 教堂

　　這是錫耶納各個角落的教堂！錫耶納隨處可見的教堂是義大利宗教文化的象徵，這種文化源遠流長，橫跨整個歐洲歷史。而今，我年輕的朋友們都想要在義大利的教堂裡舉辦一場婚禮，這大概是人生最浪漫的事情之一吧。

# 錫耶納主教堂
（Duomo di Siena）

錫耶納的主教堂，具有濃郁的哥德風，起源於文藝復興時期。你可以在這裡看到絡繹不絕的遊客，他們來自世界各地……

有一天，我在這裡遇到一對來自墨西哥的母女。她們在義大利長途旅行，從巴黎開始，一路南下，走過瑞士蘇黎世、杜林、米蘭、威尼斯、波隆那……媽媽是墨西哥當地的律師，女兒剛畢業，媽媽陪著女兒畢業旅行。我問媽媽：「妳喜歡歐洲這邊的國家多一點還是墨西哥多一點？」她用一口並不流利的英語回答我：「義大利很美，我很喜歡。但有時候喜歡並不具任何影響力，最終你會回家，你的親人你的朋友都在家鄉等你。」

當你獲得天空的時候，你就會失去大地。兩者並不可兼得，這就是人生。

# 托斯卡尼鄉間小村

　　這是我住的地方——阿夏諾（Asciano），距錫耶納市中心27公里，這裡的城牆老舊，街道卻一塵不染。幾乎家家戶戶都有一個小花園，4月的時候，花園裡滿是春天。

　　樓下是一個小庭院，種滿花草，尤其是多肉。我在這個詩情畫意的小鄉村裡度過了生命裡的11個月，忽然覺得生命如此美妙。

# 不負好春光

　　復活節，學校放三天假。整個班放羊似地往外跑。因為我手裡的事情太多，便決定獨自留在家。

　　那時我正在屋裡畫圖，突然接到一通電話，下意識接起電話就說：「Pronto？（喂？）」哪知電話那頭的中文彷彿夾帶著唾沫劈頭而來：「喂，妳在家呢？！我在妳樓下，妳倒是下樓啊！」這才意識到皮帕和喬吉婭在窗臺下喊人。

　　推開窗的那一瞬間，陽光肆意溜進我的房間，樓下花園的多肉長得生機勃勃。突然感覺到自己可能錯過了這個明媚的春天。我匆忙下樓，整個人蓬頭垢面，不過這都不重要了。去沐浴陽光吧。

　　「就知道妳宅在家。維多利亞特意吩咐我，一定要把妳拉出來曬曬太陽，妳一個人在家肯定三天不出門。」皮帕斜眼瞪著我，我卻上去給了她一個大大的擁抱。

　　她們是我因為留學而認識的中國朋友，在以後的歲月裡為彼此扮演了無比珍貴的角色。

# 垃圾不分類是要罰款的

在家裡要記得將垃圾分類，若是有一天你忘記分類或是搞錯了日子，被退回來的垃圾就要在廚房裡放上一週，那就等著它們發黴發臭吧。

同時你還會收到警告，屢教不改者將受到巨額罰款。

哈大早上，清潔隊員大叔不定時出現在樓下收拾垃圾。

## 乳酪王國

這裡是廚房,一站式備齊,烤箱、冰箱、瓦斯爐、摩卡壺不能少,義大利人對咖啡的鍾愛類似我們對茶的偏愛。

剛來的時候我不會做西餐，黑暗料理上手得倒是很快：「老乾媽」煮義大利麵。不過現在，你想吃什麼？千層麵？通心粉？貝殼麵？斜管麵？細絲麵？螺旋麵？長麵？蝴蝶結麵？每道都是我的拿手好菜！

　　義大利的餐飲，處處洋溢著起士的香氣，當然少不了的是番茄。超市裡琳琅滿目的番茄醬總能讓人挑到眼花繚亂。

## 托斯卡尼豔陽天

如果你看過《托斯卡尼豔陽下》，一定會沉醉於電影裡成片成片的葡萄莊園和橄欖園。中世紀時候留下的酒窖，在這些古堡下面將幾個世紀以前的風情完好地保存下來。每年9月是採摘葡萄的季節，一串串紫紅的葡萄顆粒飽滿，經過一道道繁雜的處理工序以後，便要銷往世界各地。

托斯卡尼的春夏秋冬都美，春天漫山遍野洋溢著槐花的香氣，夏天綿延的向日葵地讓人如同走進電影裡。我最喜歡這裡的夏天。夏天日長，9點以後太陽才下山，那時候我們常常在飯後散步到後山腰，看天際那一輪紅日隱沒在古堡身後，那時候的天純然一色，萬里無雲，顏色由湛藍向橙紅漸變，夜晚即將到來。平和之情便再次湧上心頭。

## 小日子

義大利人很會過日子，幾乎家家戶戶都有一個小花園，小花園裡各種植物被修剪得整整齊齊，多肉成一排，闊葉植物在鐵柵欄四周圍成一圈，四處角落也是井井有條。圍繞著中間的草坪，擺了幾張舒適的躺椅，冬天的時候可以在這裡「儲藏」陽光。在某個盆栽底下，你若是看到有隻慵懶的貓，請不要去打擾它，因為，它正思考著如何度過自己的「貓生」。路易莎告訴我說，夏天的時候，花園裡面會有軟氣墊搭起來的小型游泳池，面積不大，卻也容得下兩個成年人。夏夜的風吹來，剛從泳池裡爬上來，抬頭便是燦爛的星河，這是怎樣滿足的人生啊。

26　手繪義大利的每一天

農場裡面各種各樣的機器。果實成熟的季節裡，機器收割是這裡的一大特色。

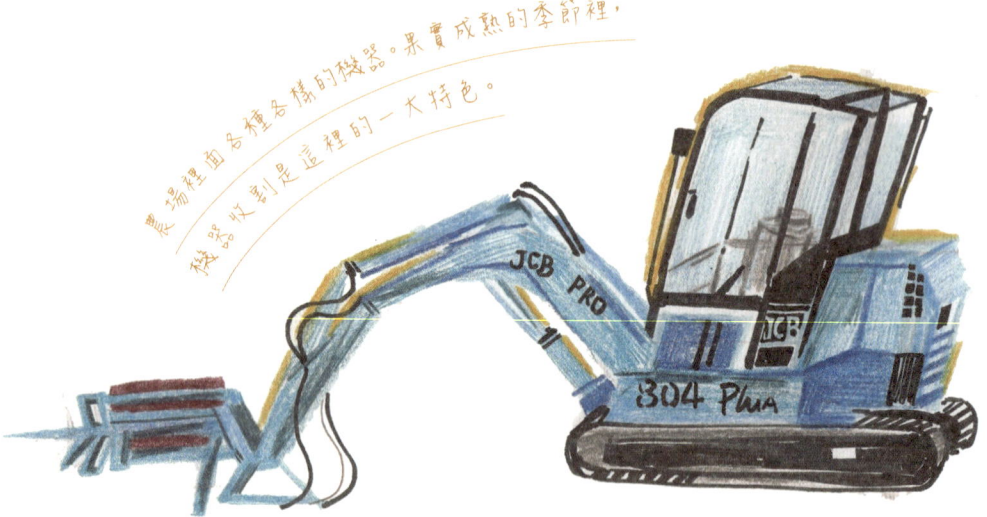

# 入鄉隨俗

　　大部分義大利人的早飯較為簡單，通常是一種甜點搭配一杯咖啡。我不愛喝濃縮咖啡，因為苦，味道又重。卡布其諾還不錯，一杯下去也能填飽肚子。甜點有各種樣式的，多數義大利人嗜甜食，有個叫作「Nutella（能多益）」的巧克力醬幾乎是家家戶戶都要用到的寶貝。這個巧克力醬不僅在義大利盛行，也被行銷到世界各地。

　　至於早餐的主食，就是這些形狀不一味道卻相似的甜食。我剛來的時候不習慣，無數次想念大餅、油條、小籠包、生煎包和豆漿。日子漸久，也過起這邊的日子來了，既來之，則安之。再後來，無論我去哪裡，都要過當地人的日子，這些，是隨遇而安的日子。

# 迷你義大利

義大利很小，小到什麼程度呢？譬如說，昨天跟鄰居羅莎閒聊的時候，我說：「明天我要去艾爾巴島度假，以此來結束這個忙忙碌碌的夏天。」

說完，她便開始問細節，比如具體什麼時間去，幾個人，有沒有合適的比基尼，會不會潛水等等。當說到我要坐巴士去的時候，她的眼裡突然發光：「我有個朋友，她是巴士的駕駛員，走的路線就是去海邊，你明天要是碰上她，代我向她問個好。」說完又十分熱情地把她朋友的照片找出來讓我看。

我不以為意，巴士這麼多，去海邊的路線也這麼多，世上哪有這麼多巧合。

結果，世上就是有這麼多恰恰好的事情。第二日我一上巴士，便見到了那位女士，跟昨天羅莎給我看的照片一模一樣。我先是一臉愕然，然後便笑著問她：「您認識馬裡奧和羅莎夫婦嗎？」

她一時覺得有些莫名其妙，一轉眼又叫道：「啊！妳是說阿夏諾的馬裡奧和羅莎，我認識，他們是我很好的朋友！」

我告訴她說我住阿夏諾,她興奮地跟我聊起來,剛剛啟動的巴士便停了下來。我說過,義大利人對聊天的喜愛程度,遠遠超乎大家的想像。

「妳是錫耶納外國人大學的學生吧?」她說,「我認識尼楊,他啊,經常舉辦一些團體活動,安排得非常棒,也經常坐我的車去。最近一次是去雷焦艾米利亞。」

聽到這裡,我的兩隻眼睛也不由地亮起來:「原來那次是您開的車啊,我也去了呢。只是當時還不認識您,也沒多注意。」

原來,在我們素昧相識的時候就已經見過面了。

這就是義大利,不要驚訝於這些奇妙的偶遇,因為它真的太小了。

阿夏諾隸屬於錫耶納,可算得上是一個小市區(總面積約215平方公里)。美麗的托斯卡尼讓這個小市區成了眾多旅行者的歇腳地。因為托斯卡尼隨處可見的小山丘,當地人用「dolce」(甜美的)來形容它。

## 錫耶納的火車站

這是錫耶納的火車站。我每天上學從阿夏諾坐30分鐘的火車到這裡，火車站對面就是學校。

每天從學校出去時，抬頭便跟深藍灰藍的天．脆弱帶地掛在那裡，彷彿看見了天．彷彿那一抹淡淡著思念的長長的尾從此留世。這裡的凡事很美．彷彿每次從學校踏出的那一刻都可以看到希望，沒心無慮的。追求很忙。《HERE IS LOVE》BRIAN JOHNSON

## 生意經

　　學校食堂裡有一家叫「Sushico」的壽司自助餐廳，老闆是中國人，賣的卻是日本人的特色餐。

　　可見，中國人用自己的聰明智慧，已經將生意做到世界各地去了。然而，並不是所有外國人都喜歡這樣的中國人。義大利人的生活方式大概是做四休三，銀行、超市、藥局一整天的營業時間不到6小時，而且節日和週末都要休息。中國人一來，商店營業12個小時不說，假日更是勤勤懇懇，這樣一來，還不把他們的生意都搶走？外國人自然是要對中國人吹鬍子瞪眼了。

34 手繪義大利的每一天

# 羅莎和奧蘿拉

電視機裡在播報最近的新聞，羅莎時不時告訴我電視報導裡的種種黑幕。

5歲的奧蘿拉在一旁畫畫，嘴裡不停地自言自語著什麼。奧蘿拉是羅莎的孫女，暑假一直跟奶奶住在一起。

「我們來講一講卡布里的事情吧。」奧蘿拉突然打斷了我跟羅莎的談話，大概是對我們的話題有些厭倦了。

「我愛卡布里，我想要給他一個吻，不是在臉上的那種，要親在嘴上的。」我跟羅莎突然大笑起來。

羅莎告訴我，卡布里是奧蘿拉心裡面交往已久的小男朋友。

「那你可以告訴我卡布里的一個缺點嗎？」

「嗯……」她想了想說，「有一次，他把我的胳膊捏得很痛，還向窗戶裡扔石頭。」她說著，並沒有停下手中的畫筆。

「他這麼壞，那妳還愛他呀？」我故作嗤之以鼻的樣子。

「所以有時候我也很討厭他。」她說，臉上有些不滿意的樣子。

「那麼，你告訴我一個他的優點，你為什麼愛他？」我又問她。

「他有很好看的肌肉！」她說著便伸出小胳膊使勁兒比畫。

「我就是想要給他一個吻，我愛他！」她執拗地說。我跟羅莎在一旁笑得合不攏嘴。奧蘿拉不知道我有多羨慕她，在這個天真的年齡，有無邪的愛情。

有一次我帶奧蘿拉去樓下的公園散步，她很開心地指給我看：「那個滑梯上的就是卡布里。」

「哦，就是他呀，那你要不要過去跟他講話？」我打趣道，「喜歡就要去說呀。」

她急急地用兩隻小手抓住了我的大手，說：「我們不要過去了。」然後低下頭，只癡癡地在一旁呆望。

那時候我希望，十幾二十年以後，她可以如願與她心中真正的卡布里結婚。

手繪義大利的每一天

# 托斯卡尼古堡莊園的游泳池

　　為了自己想過的生活，勇於放棄一些東西。這個世界沒有公正之處，你也永遠得不到兩全之法。若要自由，就得犧牲安全。若要閒散，就不能獲得別人評價中的成就。若要愉悅，就無須計較身邊人給予的態度。若要前行，就得離開你現在停留的地方！

——《托斯卡尼艷陽下》

那段時間我住在托斯卡尼，後山是大片大片的橄欖園，以及散落在四處的古堡。舊時的古堡有些已經成了豪華飯店，常常帶有私人花園和游泳池。只要有錢，便可以到那樣的飯店裡盡情享受。

# 托斯卡尼之夜

有一天我們去夜爬後山,那時候臨近七夕。托斯卡尼的天空很澄澈,走到半山腰就可以看到銀河懸掛在頭頂。

那一夜,我們背著一箱飲料上山。托斯卡尼處處是起伏的低矮丘陵,我們所經之處,全是整片整片的橄欖園,月光下,蟲鳴窸窸窣窣地從裡面傳出來,清心悅耳。

我們喝飲料,互相傾訴往事。旁邊有車三三兩兩經過,夜行者陸陸續續現身,越來越多。

跟喜歡的人待在一起,是世間最幸福的事了。

忽然一輛車停下來,從車裡面下來一位金色頭髮的年輕人。他問我們:「我可以幫助你們嗎?」

聽完我們就笑了,原來他以為我們是徒步旅行的落難者。看我們是亞洲人的長相,還用英語來問我們。

於是我們用義大利語跟他講:「請你喝飲料,小帥哥。」

他這才恍然大悟,我們不是落難,是在這裡欣賞夜色。他熱情接過飲料,跟我們一起喝起來。

橄欖園裡香氣四溢彌漫,天邊的銀河裡,星星在唱歌。

「你們知道嗎,我剛剛路過前面的十字路口,一隻豪豬突然從旁邊跳出來,我一個急煞,它居然還朝我看了一眼。」他說著,雙手抬高,做了個誇張的手勢。「托斯卡尼這片土地太神奇了!」

「是啊,前兩天槐花開的時候,我們來山上散步,居然還碰到一隻鹿,真的是傻鹿。牠緊緊盯著我們,完全呆住了。」朋友的即興表演把我們這位小帥哥朋友逗得哈哈大笑。

「我啊,今天真的很幸運。」小帥哥喝完最後一口飲料說,「很高興認識你們!」

「我們也是!」

原來,青春真的是件了不起的事。

手繪義大利的每一天

托斯卡尼大區的小村莊阿爾諾

西西里的故事

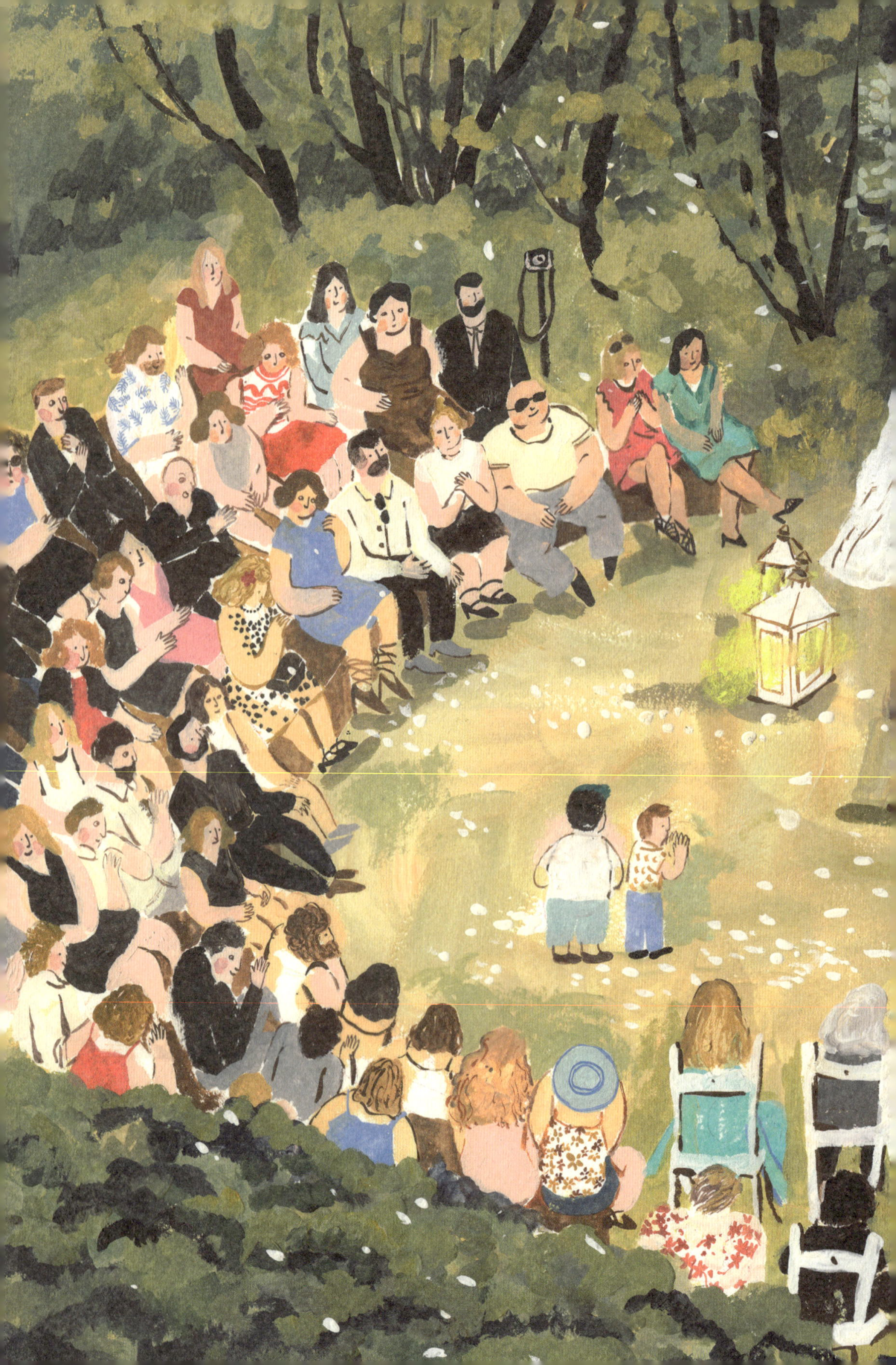

# 海邊婚禮

朋友邀請我去參加婚禮，婚禮在古老的酒莊舉行，酒莊面朝大海，背後是一片蔥蘢的小樹林。當我看見新郎吻上新娘時，眼睛竟然也變得濕潤。美好的事情果然是有感染力的。

願這些美好生生不息。

# 緣起

我在魚市時,遇見了班裡的法比奧。法比奧能說會道,隨便遇見誰都可以跟人嘮叨半天。當我說起暑假有去南部旅行的意願時,他兩眼發光了。

「妳夏天要去南方嗎?我就是南方人,巴里的。」

「去年我跟我的一個好兄弟,由於我們都沒什麼錢,於是我倆騎著一輛摩托車,是一輛復古的YAMAHA,在南部兜了一圈。」

「我們睡帳篷,睡馬路,有時候就去朋友家借住。」他翻出臉書上的照片給我看,「他朋友家裡有一個巨型私人游泳池。」

「哦!那你得把你的朋友介紹給我們認識。」我指著那個湛藍的游泳池說。

他講起那個夏天的旅行體驗時,滔滔不絕。

「那個夏天我們玩得很開心。妳不知道路上有多少新奇的事情。波隆那的海鮮太貴了,要是去碼頭直接向那些老漁民買,十歐元一大箱,那個量夠吃一個禮拜的了,而且又新鮮。那個生鮮蝦,剝了皮就能吃,那可比壽司店裡的好吃多了。還有啊,如果能說得動當地漁民,還可以讓他們帶著出海捕魚,甚至能在海上看到海豚,親眼看見牠們在船下穿梭,在陽光下跳躍。妳來南部,一定要來巴里。」聽著法比奧的陳述,我的心已經飛去了那片美妙的大海。

法比奧講到興頭上,還開始手舞足蹈,他講話時用的手勢,證明了他是一個非常合格的義大利人。

「在南部,小偷們都是極其專業的,不過妳不必擔心,他們從來不對人身造成任何傷害,他們只偷東西。」

「我家有一輛飛雅特500,我爺爺奶奶的,本來是想留給我。但在南部,在我們普利亞大區好像沒什麼東西是留得住的,他們不僅偷錢,還偷車,不僅偷自行車,還偷汽車。鬼知道他們怎麼做到的。」法比奧講起這些糟糕的事情時神采奕奕,好像這些事情根本不是發生在他身上。

「雖然小偷這麼多,也絕對不能錯過南部。我保證妳一定會愛上那片大海。我們南部有世界上最美的海。」法比奧無比驕傲地說著。

「請妳,一定一定要來南部。」法比奧說得真心極了。對南部那片海,我是望眼欲穿……

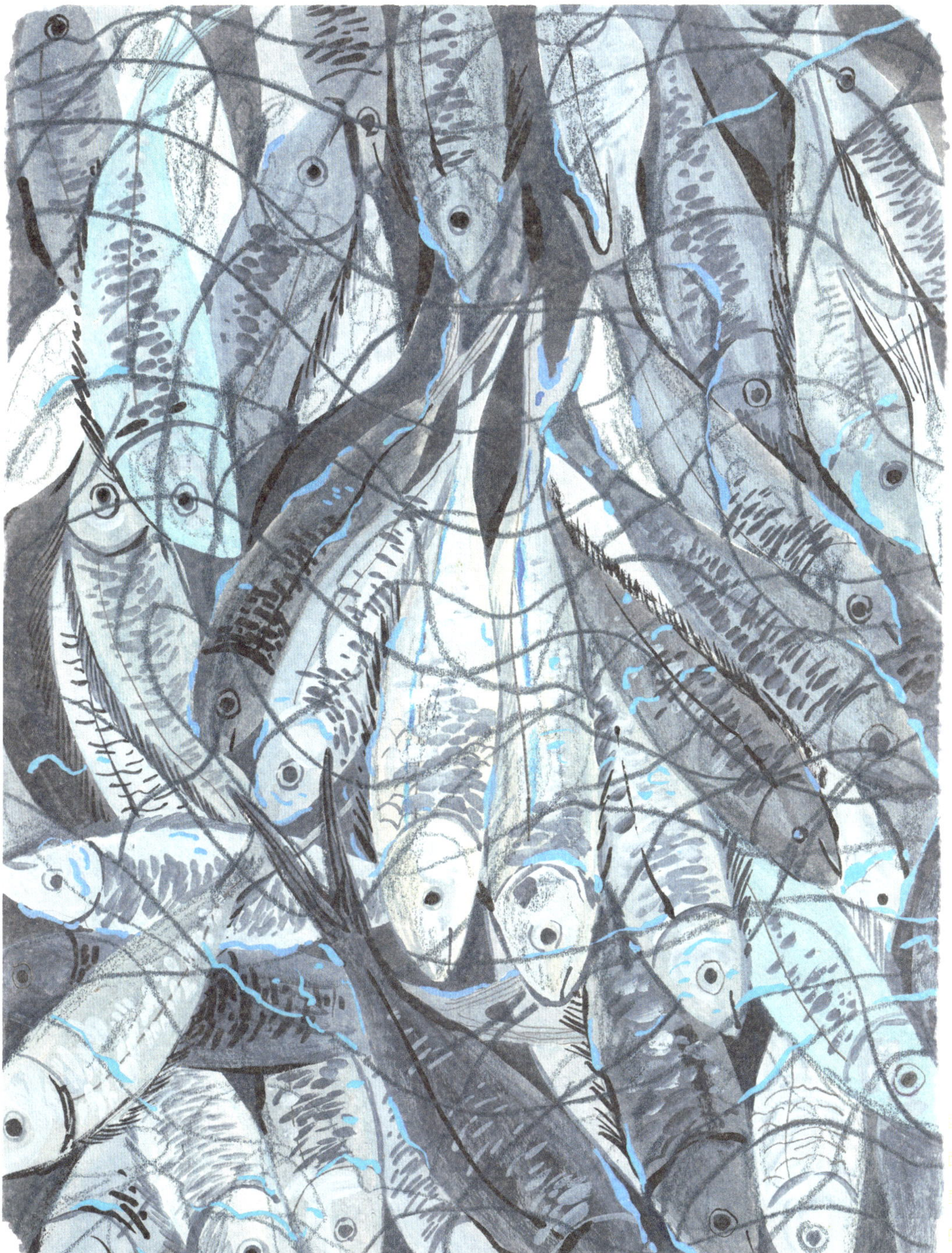

## 老司機的營地生活

林是位名副其實的老司機。

2018年暑假，他租了輛飛雅特，我們從威尼斯出發，一路南下再折回威尼斯。

一整個月，4000公里路。我跟大嬋身為兩個開車小白，實在沒發揮什麼實際性作用，所以漫漫長路都是林一個人扛下，有時候他白天開8小時車，夜裡還能高呼：「你挑著擔，我牽著馬，迎來日出送走晚霞。」歌聲伴海風，像極了一部瀟灑的公路片。

　但有時候他也會累。有一次，他實在是倦了，車開到服務站，鋪開睡袋就在地上睡起來。

林認為沒有計劃就是最好的計劃。常常夜裡11點，我們還在盤山公路上，偶爾山路上穿過正在過馬路的牛群，我們便停下車來讓牠們先走，那些場景奇幻得像是宮崎駿動畫裡的世界。

我們有帳篷。但有帳篷也不能隨處亂搭，一來怕森林裡有野獸襲擊，二來歐洲人度假野營都有專屬營地，我們要絞盡腦汁找營地。

我們隨身帶著的還有一個迷你瓦斯爐，兩個拳頭這麼大。鍋碗瓢盆鋪滿地，林開始動手做飯，我跟大嬋負責洗菜、洗鍋碗瓢盆，用的水是瓶裝水，所以也格外節約。

而事實上，旅途的疲憊讓我沒有辦法靜下心來去做這件事。

「我們為什麼不買麵包，然後煎肉，夾著吃也會方便很多？」我說。

「照你這麼說，鍋子也不用帶了。直接去超市買現成的熟食不是更方便？」林也有些生氣。

貧窮帶來的侷限讓我閉上嘴巴。學生時代我們有足夠的精力去消耗，卻沒有錢。

夜半時，海風忽然變大，帳篷的四壁被風擠壓著。對面的德國人醒來，叫孩子去收衣服。

「滴滴滴～滴滴滴……」也不知誰碰了車，車鳴警報器叫起來，跟海風呼呼呼唱成一首氣派的歌。覺沒法睡了，那德國人一家子乾脆出來喝啤酒。

清晨時，總覺著帳篷外有腳步聲，拉開簾子方知是幾隻啄食的大鳥。昨夜剩下的食物殘渣，今日成了這群動物們的饕餮盛宴。

漸漸地能感受帳篷裡溫度升高，太陽高高掛起來了。帳篷生活的日子有些艱辛，卻也別有滋味。

沒畫完的景，因為海邊太冷只畫了個大概，旅行結束才補充完整的細節。

# 沙灘裸奔記

　　我們的車一路往南,越往南,大地越是荒蕪,所見之處皆是肆意瘋長的草。撩開雜草地,驚喜地現出一片汪洋大海。從電子地圖上搜出來,最近的營地在距這片海80公里的地方,路遠,於是我們決定將帳篷搭在海邊人家的院子旁邊。

　　從海裡戲水上來,問題就來了,我們沒有宿營地,所以沒有專門的淋浴室。海水黏在皮膚上,吹乾以後留下白色的鹽漬,皮膚開始發乾。稍遠處,有一個露天浴場。不過,露天洗澡,怎麼都覺得有些羞恥。

　　「妳們要求怎麼這麼多?那別洗。看妳們身上的鹽漬怎麼讓妳們死!」林嘴巴毒起來的時候恨不得給他兩刀。

　　我拽過林手裡的浴巾。

事已至此，羞恥之心也扔了。月光真皎潔，橄欖枝刷刷刷地搖啊搖。露天淋浴蓮蓬頭像擠奶一樣滴出幾滴水來。剛從海裡上來的人多是來蓮蓬頭下面迅速一沖，然後轉身就走。我跟大嬋卻是在那裡左搓右搓，再抹上沐浴露。比基尼穿在身上感覺像沒穿一樣，露天洗澡的感覺真是太特別了。最終還要去小樹林裡把濕掉的比基尼換掉。

大嬋長嘆一聲：「我們可真是把日子過回了原始年代。」

帳篷裡四壁柔軟，布簾有些透明，兩張氣墊床鼓起來，斷絕了與大地的直接接觸，如此一來寒氣不會上身。

夜裡一陣溫熱的風吹來，氣墊床黏貼著皮膚。原本氣墊就是塑膠的，不透風，海風又乾燥，於是起身去抹爽膚水。實在無法入睡，索性跑到海邊發呆。月光傾瀉，這一座海邊城市依然燈火通明。

海浪撲打暗礁，腦海裡浮現出種種經歷，跟海浪撞個正著，感覺自己在過著特別不真實的日子。

# 出海行動

　　我們凌晨三點出海，與漁民隨行。漁船不大，上面有一個微型廚房，六個床鋪。老水手說，一週四天他們都在海上。老水手一把年紀，鬍子花白，底下子孫四代。從5歲開始就隨父親出海打魚，到如今整整60年。

　　經驗讓他德高望重。

　　黎明，浪有些大，船隻上下顛簸。海腥味夾雜著機械味，滲透在風裡，噁心得讓人作嘔。我轉身到廚房，在甲板上躺下，昏睡過去。

　　破曉時分，他們開始第一次撒網。捕魚撒網需要跟另一艘漁船配合，讓兩層牢固的漁網貼著沙地在海底行走。開始收網時，每個漁民各就各位，前邊兩位拉網，後邊兩位拽繩，老水手扳動引擎，一張裹滿了沙丁魚的漁網被慢慢挪上船，嵌在漁網的小魚做垂死掙扎。

　　漁民收一次網，只拿身體完好的沙丁魚，嵌在網裡的，身子不全的，都不能收，這些戰利品便成了「海賊」們的豐盛大餐。

# PESCATORI IN SICILIA
28/05/2019 A CASA XU YU

如果幸運，還可以看到船底遊過的海豚，隱隱約約在深海出沒。有時候海豚會躍出水面，在晨光裡打出一個優美的弧度，然後落水，再躍出，牠們在光裡歌唱童話。

每次撈魚都有新鮮事發生。有時候是海星、魷魚，甚至有帶了毒刺的黃鯛魚，但多數時候是鳳尾魚。

出海一次，收網八次，在海上的工時，是從凌晨3點到下午3點，裝滿整整150個泡沫紙箱，漁夫們的工作才算順利完成。

這樣的工作強度，我是打從心底裡佩服的。

等我們出海歸來，夏卡碼頭已經擠滿人，他們坐在那裡，耐心等待。漁夫一上岸，他們就圍過來。

剛出海回來的漁夫們有最好的魚和蝦，而且價格實惠，往往比市場上便宜好多。

我們做為遊客，除了在船上目睹他們怎樣捕魚之外，還拍攝了許多他們的工作照片。告別時，收到他們滿滿一袋子的沙丁魚。「請你們一定一定要把照片發給我們，因為我們可能從此以後不會再見面了。」老漁夫說。

「我們還會來的。」林朝他們豎起大拇指。

「嘿嘿嘿，那可不一定。你們還年輕，世界各地跑，我們已經老啦。」老漁夫憨笑著，「請你們記得我們。」

「嗯，一定啊。」

53

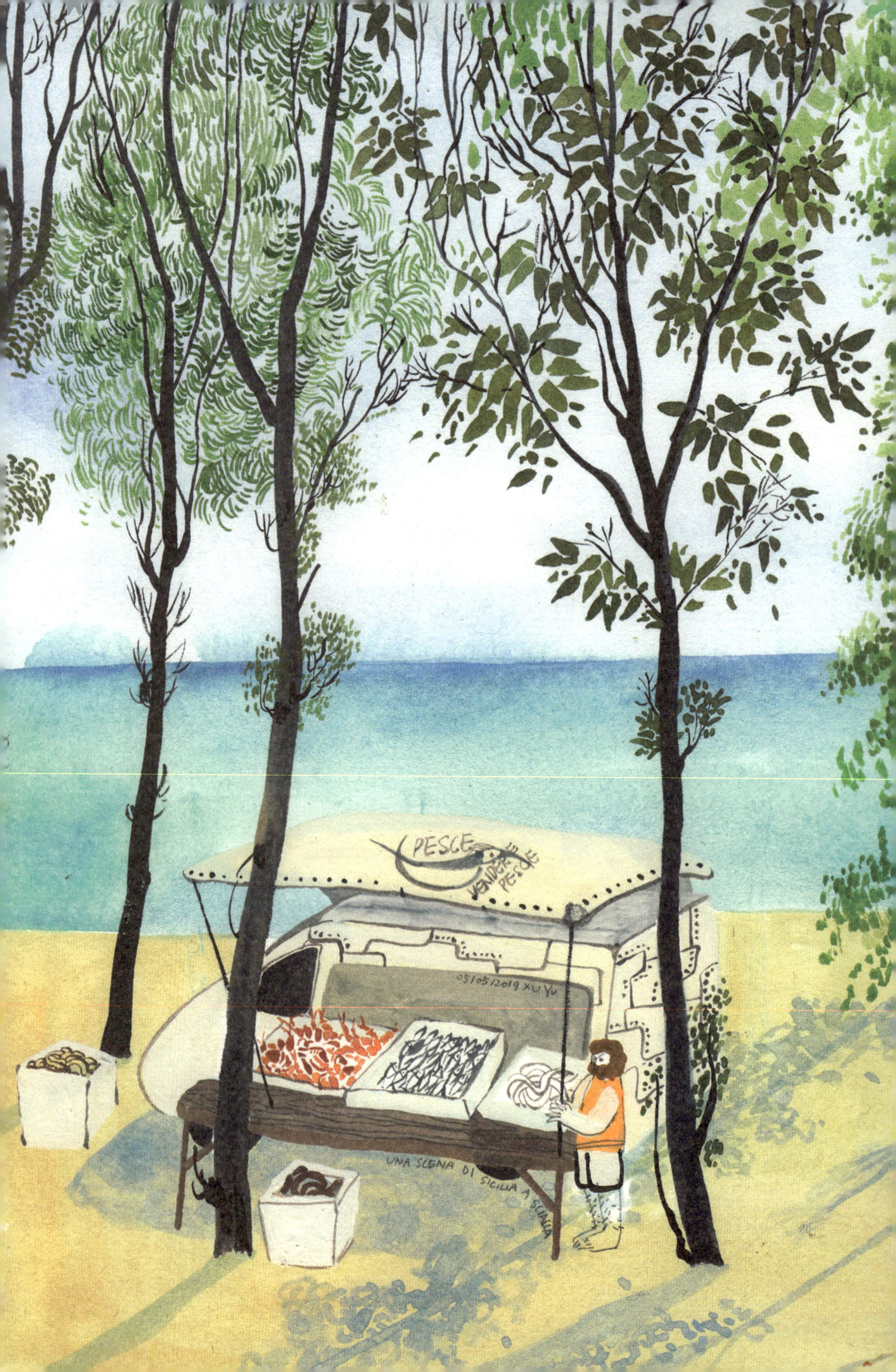
PESCE
05/05/2019 XU YU
UNA SCENA DI SICILIA A SCIACCA

這是一些關於水上的故事。
跟海有關，與陽光有關，
與風緊緊相連。

油畫棒速寫，海邊到处都是⋯

# 他的海洋是一滴淚

　　艾馬說，他的家在義大利南部一個靠海的地方，那裡有一個小山丘，小山丘上有一個小小的城市，小城市裡有一棟小房子，小房子上貼著幾面窗，每天醒來睜開眼，就是深遠的大海。

　　艾馬說這話的時候，我兩眼是發光的。

　　艾馬搬到這個家來時，夏天剛剛過完。我對艾馬的瞭解不夠多，他對我也是。

　　他是個耿直的人。有一次他的耿直不小心傷害了我。

　　「你們中國人，每天想著賺錢賺錢賺錢。穿名牌衣服，吃昂貴的餐廳，買一個漂亮的大房子。你們才是真正的資本主義者。我要是去中國，最多只能待一年。」

　　我不知道為什麼艾馬對中國的印象居然是這樣。

　　「反正我不是，我沒有很多錢，也不迷戀名牌，我不是你說的那種人。」我很認真地告訴他，他有些不相信地看著我。

　　那個時候我跟艾馬才認識兩週，他的直率有些傷人。我對很多事情無所謂，但是他的這些話卻讓我的自尊心一點一點地往下跌。

　　我告訴他：「你不能一竿子打翻所有人。」他若有所思點點頭，就不說話了。

　　艾馬拒絕速食，也拒絕加工食品。我們住的地方樓下就有一家美國速食連鎖店，每到用餐時段都是人擠人。他從來不屑一顧，他說那不健康。但他在飯後總要吃上一小份甜點，他說讓甜食的味道殘留在舌根上，是結束一頓飯的最好方式。

　　「一頓美味的晚餐可以讓我的心情變得很好，不需要很貴，但必須健康、美味。」他的晚餐總是自己做。他說這可能是生活裡唯一一件讓他覺得幸福的事了。

　　艾馬喜歡大海。他的童年、少年都在海邊度過。他的眸子是深藍色的，就是大海的顏色。他跟我講過兩個悽美的故事。一個是他年少時的初戀。

「我跟我的初戀在一起整整八年,我還以為我們會一輩子在一起呢。妳知道,一個懵懂的高中生的想法總是很單純的。我當著全班人的面跟她表白,我拉著她蹺課去海邊。星辰大海,有人在唱歌拉琴。我們在海風裡親吻。」

「在我們南邊的海域，下雪是件非常稀有的事。有一年，很稀奇地下雪了。海邊的雪、白色的沙灘，我們瘋了一樣在雪地裡打滾。整整一夜，我倆都凍得通紅，但誰也不願意回屋子裡去。我們那片海，真的太美了。」

「不過後來就分手了，分手以後我去海邊哭了一個晚上。再後來我就去了一個北方城市。」

他去了米蘭，他在米蘭唸博士，於是他告訴我，他的第二個戀愛故事。他的她，是一個藝術家。

「我瞭解你們這些藝術家，除了自私其他都好。鬼知道我有多喜歡她。她呢，每天躺在我家，什麼也不做，就光讓我喜歡她。」

「暑假的時候我帶她回南部，我們去西西里轉了一大圈。妳知道西西里的海很美的。從西西里回來以後她就要跟我分手。」

「你們這些藝術家有多自私？有一天她突然說，她在這個家待夠了，要去看世界。然後說走就走，頭也不回。我的世界突然空了。她從來沒有愛過我，一直都是我一廂情願。」

「後來我就決定，我不會再愛你們這些藝術家了。在你們的世界裡，首先想到的總是自己，然後是這個世界。你們在世界各地到處跑，卻忘了身邊人的感受。」

「不對不對，你又一棒子打死了所有的藝術家。」我說。

他變得沉默起來，像風平浪靜的海。

他總說：「藝術家們都太浪漫。我的夢想就很簡單，10張小桌子，開個露天的小餐館，做點小本生意就好。」

「我迷戀島嶼，薩丁島我就很喜歡。植物遍佈大地，有美麗的粉紅色沙灘。人們不會汲汲營營，也沒有虛榮心。名聲與錢財對我來說並沒有那麼重要。」艾馬的願望並不大，跟大多數義大利人一樣。

「但是一定要生活在海邊。最好是地中海的海，帶著陽光的味道，還有海風、沙灘，可以聞到海魚的香氣飄蕩在空氣裡，那是人間多麼美妙的事啊。」

他所有美妙的想法都源自他家鄉那片美妙的海。

後來我跟他慢慢變熟了。有一天我們在看一部悲情的電影，講的大概是兩個流離失所的孩子的故事。

「我有兩個孩子。」他說。

我懷疑自己聽錯了。電視裡兩個孩子泣不成聲。

「我有兩個孩子。」他說。

「你說什麼？」我仍然懷疑是我的外語水準下降了。

「我沒有跟別人說過。」

在我確定沒有聽錯以後,我腦子裡升起一連串疑問。

「為什麼不跟他們一起住?不會想他們嗎?孩子們的媽呢?」

「我打了她,可是是她背叛我在先。我太愛她了,我想孩子們,可是我不能見他們,法律把他們『保護』起來了。現在除了每個月匯錢給他們,我什麼都不能做。」他說的時候眉頭緊皺。

「就是我的初戀。」他好像要哭了,「我真的特別想他們。」他說完轉頭回到自己的房間。

我彷彿看到了他的悲傷,比海更大,更深。

艾馬的海，永遠都波瀾不驚。

有一天我回家興沖沖地跟他打招呼，他的反應卻有些木訥。他在收拾自己的行李，衣服一件件疊好，全是黑色。

「艾馬、艾馬，今天我們煮朝鮮薊來吃好不好？」

艾馬一臉悲傷地看著我，「我奶奶過世了，我待會兒就要回南部。」

「我很遺憾。」我去擁抱他。

「一個月前她生病了，畢竟90歲了啊。」他彷彿說得很輕鬆，「我都已經習慣了，走到我這個年齡，已經參加過好幾場葬禮，兩個叔叔、外公外婆和爺爺。從今天起我祖父輩的人全都走了。」

「那你⋯⋯傷心嗎？」我問得小心翼翼。

「嗯，現在我不哭，可能見到奶奶遺體的時候就會哭，我不知道。但是如果很早就做好心理準備的話，對自己的傷害程度會減少很多。」他摺疊著手裡的衣服，床頭櫃上的檯燈發出微弱的光，照得他俊朗的側臉有些憂傷。

「人生不就是這些鳥事。經歷得多了，最後心就堅硬成一顆石頭。」他說得雲淡風輕。

他參加完葬禮回來，笑顏逐開。日子又回到了平靜的生活。

我知道，他的世界裡有一片海，悲傷的海，明朗的海，酸澀的海，匯成一滴淚。

每個人心裡都有一滴淚，如海洋那麼深遠。

64　手繪義大利的每一天

義大利南部海灘城市——波利尼亞諾阿馬雷

手繪義大利的每一天

西西里島是個令人神往又詩情畫意的小島

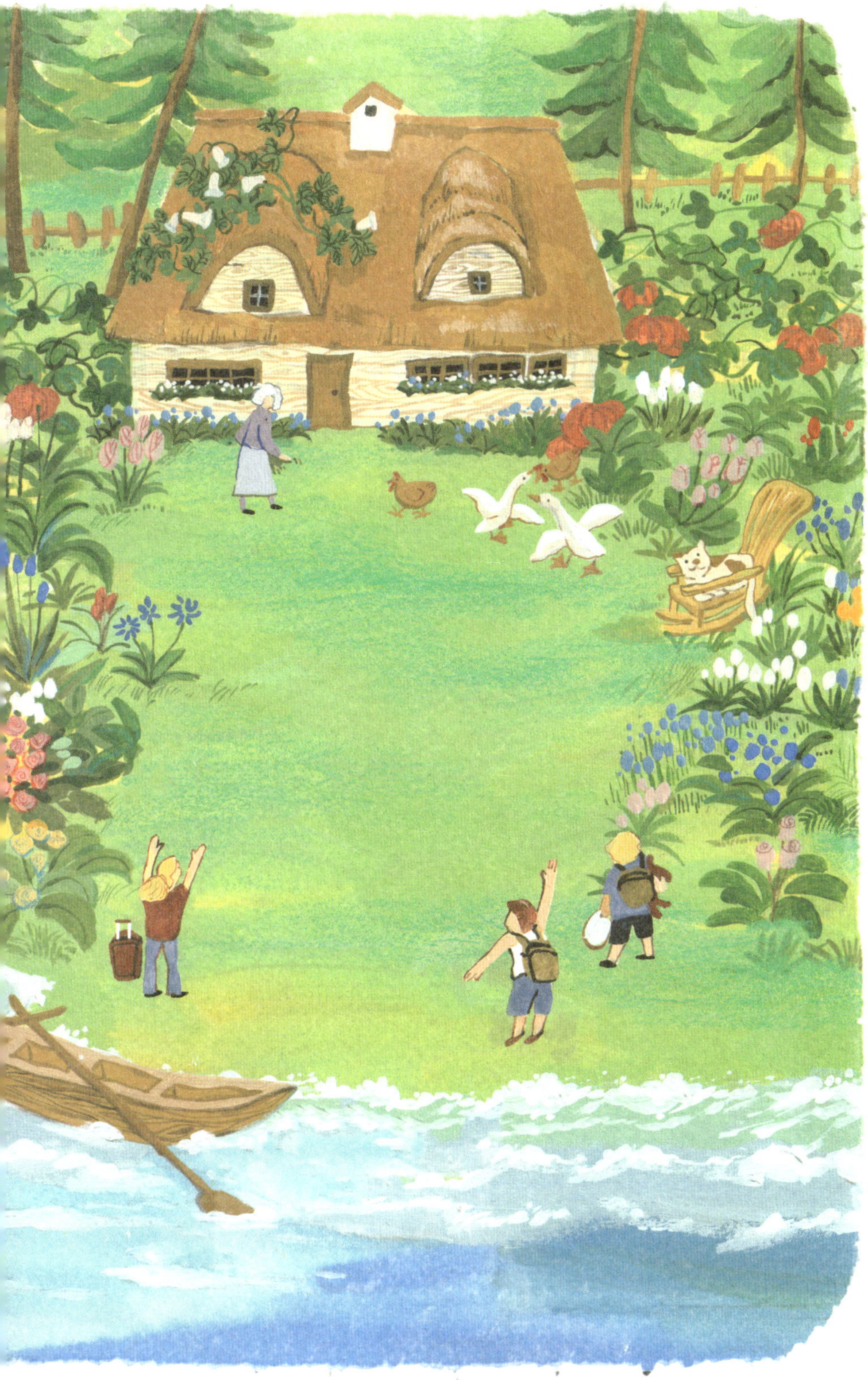

## 孤獨

　　我在敘拉古遇見一位老人。他望著遠方的大海時,我彷彿從他身上看到了莫大的孤獨。他久久地扶著那木欄杆,直到我畫完,他才離開。

## 西西里的甜食

此時此刻，我正坐在西西里島上城市卡塔尼亞附近的酒吧喝咖啡。晌午時分，陽光透過玻璃帷幕傾瀉到我的咖啡杯上，酒吧裡正在播放《Nowhere Man》，看來老闆娘是Beatles的忠實粉絲。經典永遠不過時。吧台的櫃子裡，滿是西西里甜食的香氣。

## 離開西西里的郵輪

聽說從墨西拿（西西里島的城市）到薩萊諾（義大利南部城市，位於那不勒斯附近）有一艘巨輪，10小時航程，沿途是蒼茫無際的大海。為了證實這一點，我一早就出發去港口探路。沿路是一條蜿蜒的小道，到達港口時，才發現那裡荒涼得彷彿無人生存。

大概夜裡11點，我步行從旅館出發。獨自走過白日裡摸索過的漫長小道，天上疏星幾點，那個季節裡西西里的風仍有些冷。

到達港口時，才見到港口的夜比白日裡繁華許多。而後買票登船，覺得自己好像搭上了諾亞方舟。夜裡在船艙裡獨坐，閒來無事，便又拿起本子畫畫。這一舉動吸引了值夜班的服務生，他對我畫的東西很有興趣。走過來觀望幾次以後，我竟然得到一杯免費的熱飲。

Sistemazioni Veicoli Accessori
Formula: ORDINARIO
1 Passaggio Ponte (Bassa Stagione) 26,00
1 Adulti Ordinari 26,00

Tasse, Diritti, Spese e Supplementi
Booking Fee 6,00
Sovrapprezzo Biglietteria 15,00
Tasse, Oneri e Supplementi 4,00
Totale 25,00
Importo Totale EUR 51,00
Forma di pagamento: CONTANTI

Stampato da P2 - 04/01/2017 21 44
Agenzia CTBMMN  Timbro Age

**BIGLIETTERIA MOLO**

接到餐厅服务员一杯完成敬意的梨十足浓的大概是具有精神作用。(对吗)
克丽赤川

手繪義大利的每一天

用等待的時間畫完一幅畫

波隆那小時光

## 紅色的波隆那

波隆那的冬天，天光是清冷的，石板路微微泛起光，這個時候你只需要騎上一輛車，就可以跑遍波隆那的大街小巷。對了，被譽為「插畫界的奧斯卡」的波隆那插畫展就在這個城市舉行。每年主辦單位都會收到來自世界各地的優秀作品，數量可達幾千件，但最終入選的卻只有大概五十多件。進軍插畫展，大概是每個插畫繪本作者的夢想。現在，讓我們騎上車，去感受一下這座紅色的城市吧！

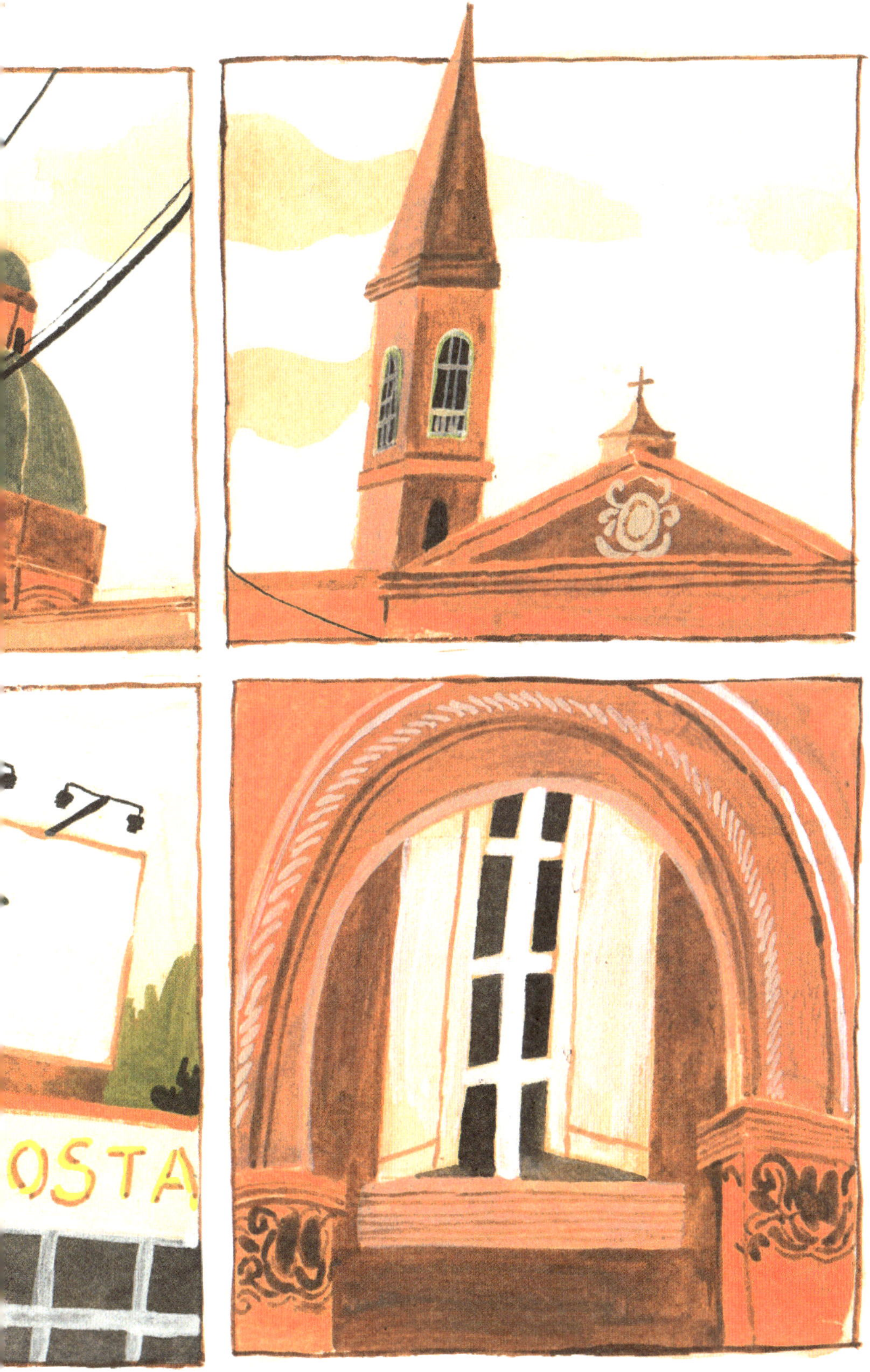
OSTA

76　手繪義大利的每一天

首先,讓我們去看看世界上最長的長廊。「聖路加拱廊」有世界最長拱廊之稱,在全長3.5公里的廊道中,共有666個拱門。

16世紀時,義大利北部城市開始大規模發展拓建新城區,不少城市摒棄拱廊式建築,但波隆那卻反其道而行、大加興建拱廊。自此拱形門廊便成了這座城市的特色,夏日乘涼,冬日保暖,下雨天還不用打傘。

手繪義大利的每一天

讓我們穿梭在這座瀰漫中世紀氣息的古老城市,讓我們去發現這座城市犄角旮旯裡的秘密。在這裡,每天都可以過一種厚重又飽滿的義式生活。義大利的當下,充滿緩慢、懶散和平和。

當然，平靜的日常偶爾也會被打破。生活總是出其不意，處處充滿「驚喜」，比如在某個風和日麗的午後——

騎車回到家，卻突然發現遭盜賊入侵。當你看到滿屋子丟得亂七八糟的衣服時，你平和的心，突然沉沉地往下墜。

橫豎已經月底了，對「月光族」來說，是不必擔心什麼的。

對了，不必想著去報警，因為對於偷竊這樣的小事，義大利員警也起不了什麼大作用。

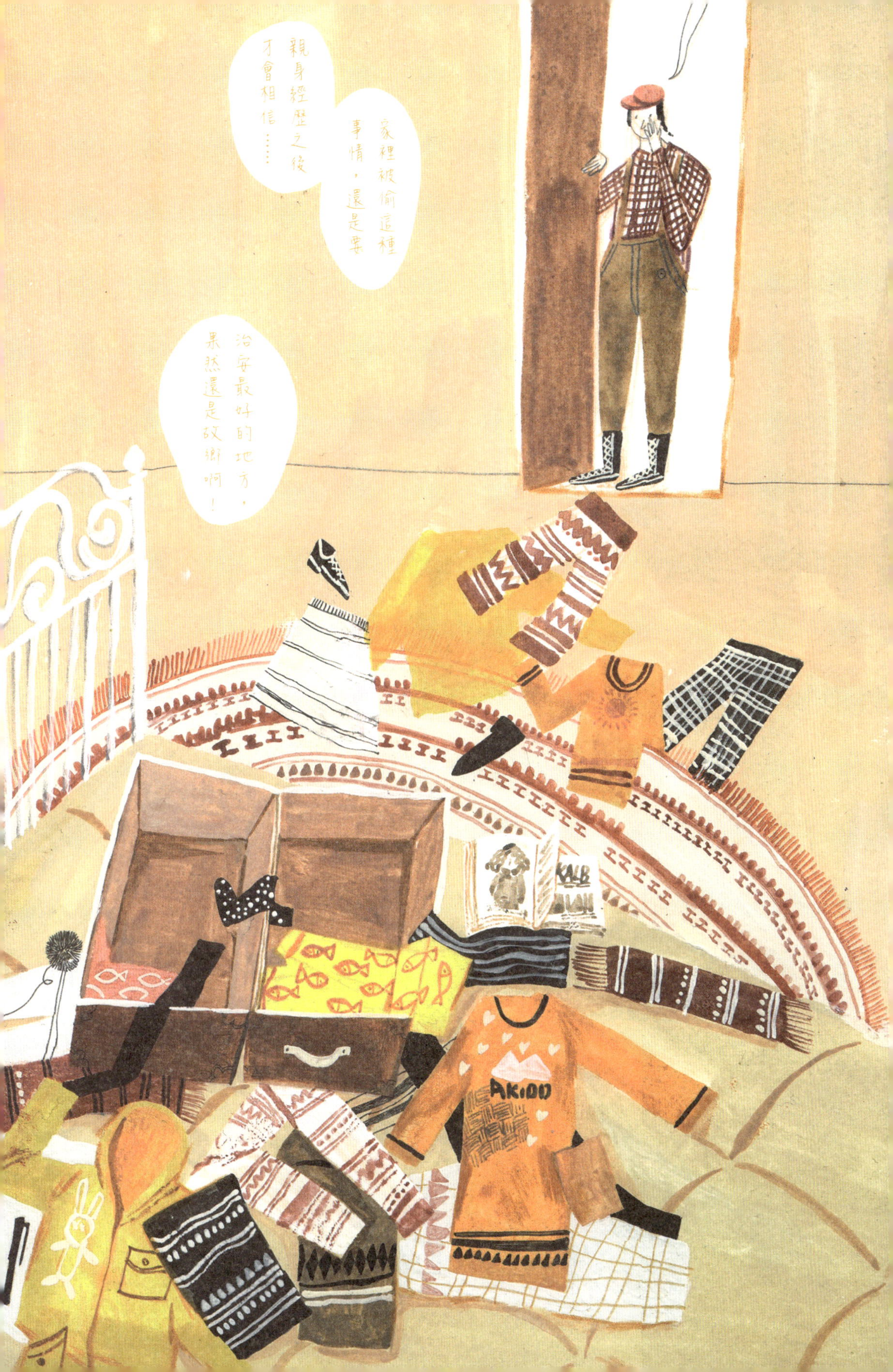
家裡被偷這種事情，還是要
親身經歷之後才會相信……
治安最好的地方，果然還是故鄉啊！

82　手繪義大利的每一天

# 波隆那大街小巷的書店

如果從網路地圖上俯視波隆那，市中心就是一個半徑只有1.5公里的六邊形，然而在這一小塊面積裡卻隱藏著大大小小20多家書店，博物館和美術館也竟有30多個。

# 幾米簽名會

2018年3月26日。

一年一度的童書展開始了。波隆那又來了世界知名的插畫師、作家和漫畫家。你可能不知道，坐在你對面吃飯的那個陌生人或許就是英諾森提（繪本作家，佛羅倫斯人，代表作《木偶奇遇記》《房子》）；或曹文軒，或某個你崇拜的偶像而你不知道他的長相，因此你也許會錯過一次跟偶像索取簽名的機會，或一段跟他合影閒談的好時光。來自台灣的繪本畫家幾米也來到這裡舉辦簽名會，現場可謂熱鬧非凡。這些事常常發生，波隆那雖然小，卻常常有大人物光顧。而你總是在當天的報紙或電視新聞裡知道自己錯過了他們。我甚至曾經就在常走的路上遇見過當時的葡萄牙總統。

小艾從北京遠道而來就為了童書展,那天她帶來了她的插畫師朋友們,我因而也認識了很多新朋友。書展那幾日,作為一個已經在波隆那待了大半年的人,我當起了專業嚮導,帶他們吃正宗的披薩、意式餃子,俯瞰波隆那全貌。

　　有一天晚上,我帶他們去聽當地最時尚的音樂會。舞臺上燈光迷離,沸騰的現場讓我們的小世界各自爆炸。小艾突然告訴我:「又找回了自己。」

　　我們從酒吧裡出來,音樂會仍在繼續。這幾條街燈紅酒綠,義大利人總是在夜裡喝酒,他們舉著高腳杯,談天說地,實實在在地生活著。我們看著他們。二十幾歲的我們,喝酒、唱歌、約會,告別舊人,再遇見新人。生活如此豐盈。

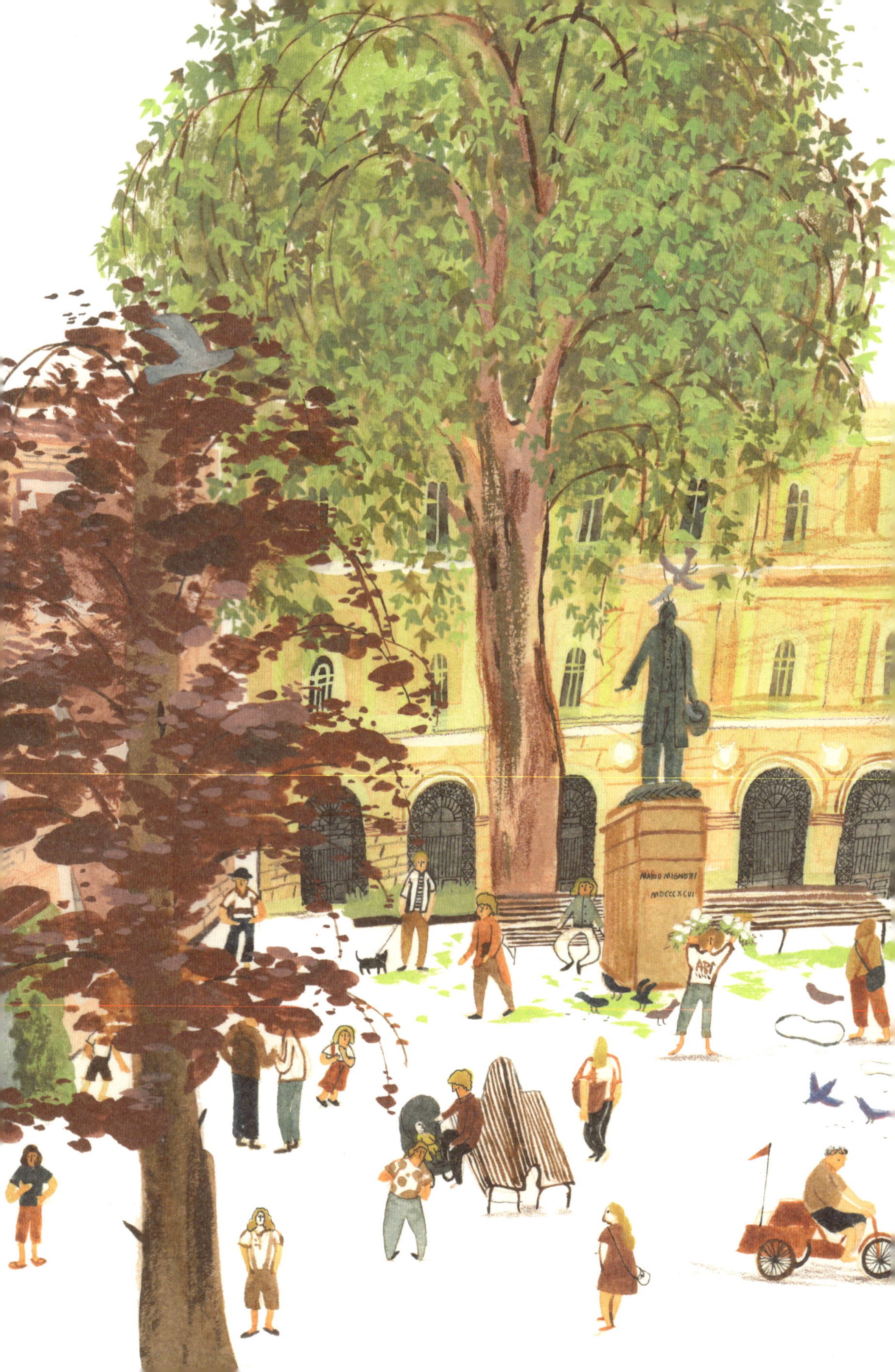
MARIO MIGNETTI
MDCCCXCVI

座落於明格蒂廣場（Piazza Mignetti）上的馬爾科・明格蒂雕像，是為了紀念這位偉大的財政部長，因為他首先實現了國家預算的平衡。

# 體驗一種蝸牛式的辦事效率

義大利確實是一個浪漫的國家,如果跟一個義大利人談戀愛,那你每天都可以吃到各式各樣的蜜糖,甜言蜜語必不可少,這是他們「浪」的表現之一。至於「漫」嘛,舉個例子來說,有一次我去售票處諮詢資訊,前面排了一位正在退票的女士,而那位售票員爺爺居然讓我去對面的酒吧裡喝一杯咖啡再來,他的理由是這位女士辦理退票手續需要半個小時。

我一生所有的耐心與好脾氣，全讓這個任性隨意的國家磨出來了。

而他們所有的效率，可能都用在賞花、喝咖啡上了。

初春盛開的槐花樹，慢下來，就能撞見美麗。

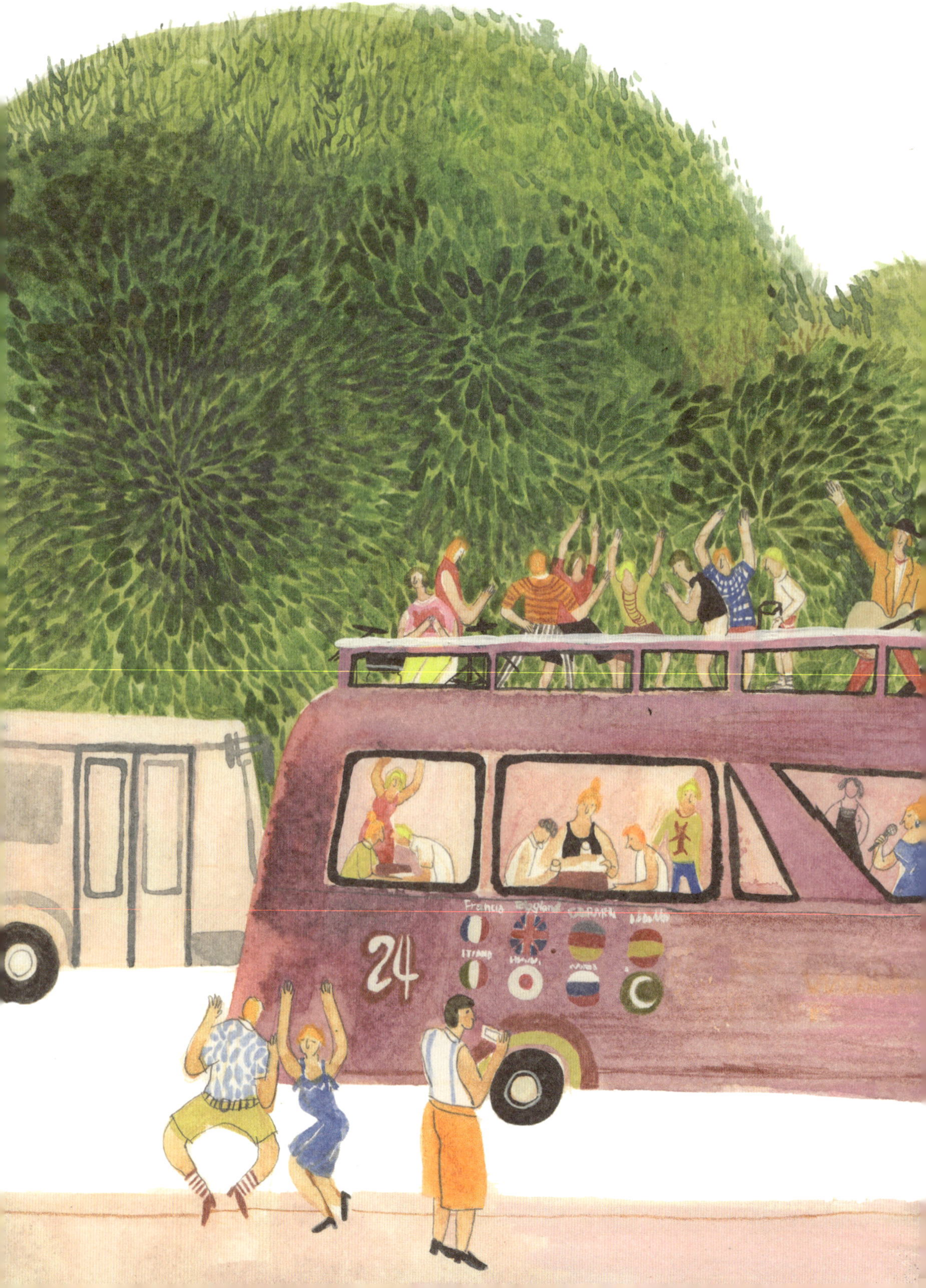
24

活在當下,才是這一生最重要的事。

## 快樂的失敗者

生命不存在意義。這是埃里克的人生哲學觀。

埃里克是我在波隆那的房東。我從認識他的第一天起就知道他跟別人不一樣。

他每天在家找10遍手機，20遍錢包，100遍鑰匙。他開車像開賽車，喇叭音量調到最高，迪斯可舞廳的音樂會傳到「千里之外」。坐他車的時候，我常有種飛馳在「人間煉獄」的感覺，而之後的安然無恙，會讓人覺得重獲新生。我仍是感激他的。

他的工作很自由，他在劇組做後勤，偶爾跑龍套。這份工作很輕鬆，時間也相當少，所以收入不高，他的另一份收入是我和室友亞歷山卓的房租。生活也算過得如魚得水。

埃里克有時候也會在工作上遇到瓶頸。老闆對他的工作並不是很滿意。他心情不好的時候就不說話。

平日裡他總是紅光滿面，留平頭，大鬍子也刮得乾乾淨淨。張嘴就笑，是個樂天派。

他喜歡跳舞，因為跳舞可以帶給他快樂。

某天他出門的時候忽然跟我說「抱歉」，然後從10公尺外的地方給我一個飛吻，又瀟瀟灑灑地揮手而去。我是丈二和尚摸不著頭腦，無緣無故我還能收到道歉？直到下午茶時間我去冰箱裡找吃的，那盒400毫升、我才買來的巧克力醬，驕傲又落寞地躺在空空的冰箱裡，白色瓶蓋上用紅色馬克筆寫著「對不起」，顯然這滿滿一瓶巧克力醬已經空了。

他做事總有些神經質，這是他的風格。就是這樣一種行事風格讓他在工作上差點被解雇。有一次，他喪著臉回來，我問他出了什麼事。他沉默地嘆口氣，不答。

過了許久，我說：「你該剃鬍子了，不然就長滿整張臉了。」

他忽然盯著我看，眼睛裡佈滿血絲，彷彿只要說一句他就會哭出來。

快樂的人也有不快樂的時候。

「每個人都說我做得不好。」他說。

我知道，他是工作上碰到了困難。有時候他會忽然黯然神傷起來。

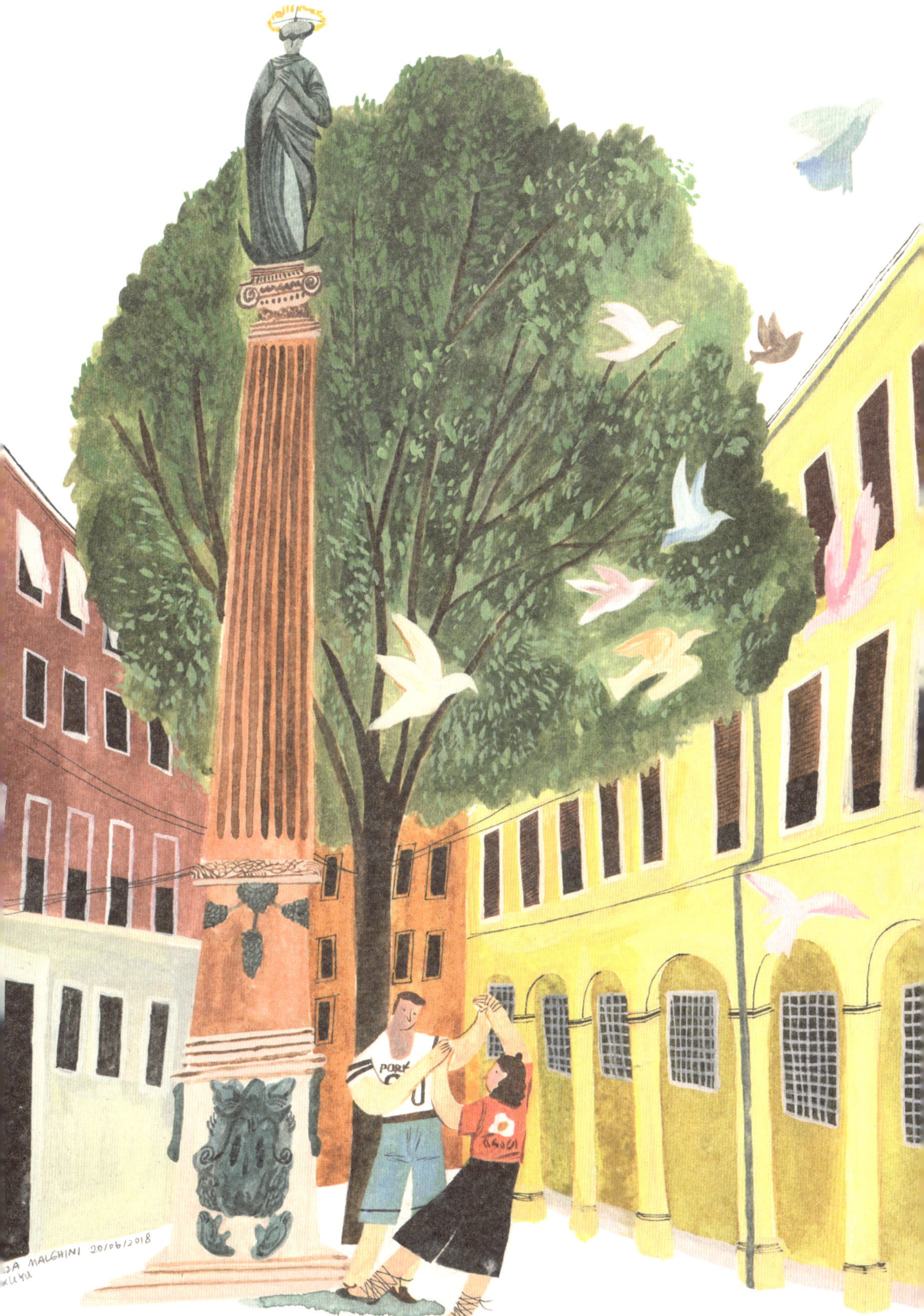
DA MALGHINI 20/06/2018
XUYU

「我的露琪亞，妳這兩年走來走去，外面的世界很殘酷吧，像我這樣的人很快會墮落吧。」

他突然沮喪的時候我就不說話，因為我知道，第二天他的情緒就會好的。

有一天晚上他拉我去迪斯可舞廳跳舞。

「為什麼你們不跳舞？跳舞是一件很開心的事情！妳要學會跳舞，我的露琪亞！」他舉起我的手要我跟他一起擺動。他慢慢地就跟這一片紅的藍的燈光融在一起了。舞廳裡全是黑色的影子，我馬上就找不到他了。

他快樂的時候就喜歡跳舞。在家的時候也是，家裡有個揚聲器，效果跟迪斯可舞廳裡的差不多。不去舞廳的時候他就在家裡蹦。

他總是跟我說：「我的露琪亞，請妳不要想著很久以後，請妳想著今天和明天。」

那段時間我正在談戀愛，因為異地，我跟男朋友常常電話聯繫，並且說我暑假就去找他。埃里克經常用很鄙夷的眼光看我，他說：「妳根本不會知道等到夏天會發生什麼。從現在起到夏天有整整三個月的時間，妳不知道這三個月裡事情會怎樣變化。」

It's important that today you enjoyed yourself。（重要的是享受今天。）這是他的至理名言。他做事情永遠都沒有長遠的計畫。

過了一陣子，他忽然又變了一個人。我幾乎每天都可以看見他頭上飄著一朵烏雲。他陰晴不定的情緒變本加厲。

有一天，他拉著臉跑到我房間裡來跟我說：「露琪亞，我被解雇了。確切地說是我們這個劇組解散了。」他把臉埋在自己的大鬍子下面，他的鬍子長長了，他的臉不再是那張乾淨的臉了。

「我就是魯蛇，徹頭徹尾的失敗者。」我說不了什麼安慰的話，只好過去擁抱他。

他現在沒有工作，完全靠我跟亞歷山卓付給他的房租來生活。不過幾天後，他好像就不在乎有沒有工作了，他在乎的仍然是「今天我有沒有被陽光滋潤，午餐我有沒有吃到新鮮的乳酪」。

我跑來跑去時總要帶上速寫本,這是我在阿姆斯特丹的鄉下農場

96　手繪義大利的每一天

他頭上的棕色捲髮幾乎可以堆成一個草垛了，兩鬢的髮根連著鬍子包圍了半張臉。這樣別人看不見他的臉，就看不見他的世界。

埃里克的生活很隨便，隨便做飯，隨便喝酒，隨便跑路。

他活著，仍然只活在當前這一秒。

我跟他成為室友的時候，他在經歷失戀。他的房間裡總是煙霧繚繞，總是躺在床上睡覺。他失業的這段時間，彷彿又回到了失戀的狀態。他說自己是生活的失敗者。

有一天他問我：「等妳完成學業要去哪裡？」

我搖頭，對未來一無所知。「我不知道。」

「亞歷山卓要走了，他在找房子，再過些日子他就要搬出去，跟他女朋友一起住。」他有時候會忽然沉默，他沉默的時候我其實會害怕。亞歷山卓雖然作為我們的另外一位室友，但他從來不參與我們的集體活動，因此我似乎並沒有感到悲傷。

「我可能也要走了。」他說。

「你去哪裡？你要留我一個人在這個家生活？」我忽然有些生氣。

「我知道這樣不好，我也不願意一個人生活。但我必須出去。我不知道，可能去非洲，可能去中國。」

「去中國？」我覺得埃里克今天又瘋了，「你不會講中文，你的英文又很爛，你去了怎麼活？」

我想了想，又覺得事情可能沒有那麼糟糕：「噢，你可以去教義大利文，中國市場很缺外籍教師。」

「薪水好嗎？」他立馬就問。

「據我所知，應該還不錯。」我看著他的臉，濃密的鬍子裡只剩下一對眸子還閃著微光。他若有所思，轉身打掃房間去了。

這一次，他不會是認真的吧？

他當然不是認真的，第二天他的日子又過得風生水起。去泳池曬太陽，去酒吧喝酒，去舞廳跳舞。他還是原來的他，依舊可以沒心沒肺地快樂，就好像根本沒有發生過失業這件事。

又有一段時間，他嚷嚷著要和我結婚。

「我的露琪亞，妳一定要記得，我40歲，也就是妳35歲的時候，我們就結婚。」他第一次跟我說的時候，我差點沒把在嘴裡咀嚼的食物噴到他臉上。

後來我就慢慢習慣了，他的結婚不過是隨口說說。於是我就順著他說：「嗯，我35歲，你40歲，我們就結婚。」

有一次，我們一起逛IKEA，他在離我10公尺遠的地方大聲跟我說，「嘿，露琪亞，我喜歡這個裝飾風格，等我們結婚的時候，我們就把家搞成這樣。」我當場「石化」，回答他：「好，你決定，我什麼都聽你的。」

旁邊一個金髮阿姨用一種奇怪的眼神掃了我這個中國人一眼，然後又看看埃里克之後，若無其事地走開了。

「請放棄妳那個遠在他鄉的男朋友。」他對異地戀有極大的偏見。他總是說：「今天是今天，明天是明天，我們把今天愉快地結束掉就好了。你們既然開始交往，就應該住在一起。一起享受魚水之歡，一起做盡浪漫又快樂的事。」

他的女朋友，十個手指頭是數不過來的。難怪他現在依然是「光棍」。

他在無所事事地遊蕩了一段時間以後，又開始焦慮起來。他似乎覺察到這樣不好，卻又對自己無能為力。

那段時間他過得很不好，我跟亞歷山卓都不知道該怎麼幫他。

有一天晚上，我跟亞歷山卓去喝酒。埃里克硬要來湊熱鬧，他喝醉了以後就發瘋似地去撕牆上的佈告，我們都沒有去攔他。

一路上他都不說話，任我們怎樣找話題，他總是神遊在外。

「埃里克！你今天在哪裡？」看他丟了魂的樣子，我忍不住衝著他吼起來。

「我總是給自己製造麻煩。」這一次他說得有些絕望。

不過他是打不死的甲殼蟲，第二天他又高高興興地跟網友約會去了。

後來那幾天，他還是每個晚上都出去喝酒，去俱樂部跳舞，生活好像依舊有滋有味。

直到有一個晚上，他突然語重心長地對我說：

「我的露琪亞，妳不能跟我結婚。我這一生過得渾渾噩噩，而妳有妳的遠大前程。」我沒有理他，因為我知道明天他又是一條好漢。

但這一次，我錯了。

第二天我醒來的時候，收到他半夜發來的手機留言：「我親愛的露琪亞，我去中國了。等妳從義大利回來的時候，我們在中國見。」

　　他總是有能力做出這種超乎常人的事。我愣了好久，終於想到可以回覆的詞：

「祝你好運。」

*我住在埃里克家的那段時間，我們總是活在觥籌交錯裡*

那年夏天，我、埃里克和亞歷山卓常常去住家附近的公園曬太陽。義大利人喜歡太陽，他們能把草地當成沙灘來使用。

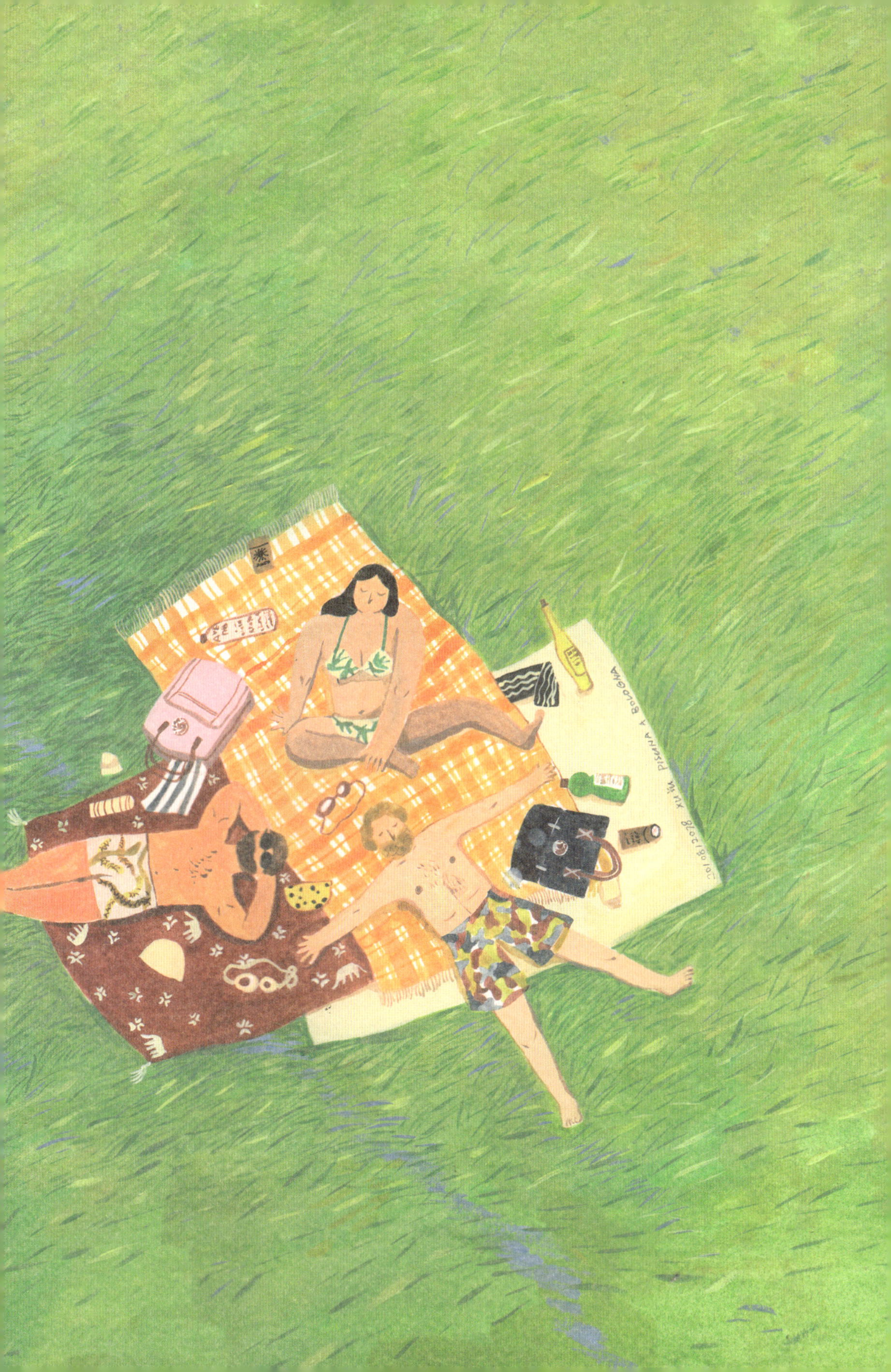
20/08/2018
PISCINA A BOLOGNA

# 人生就是要學會告別

這幾年我總在奔波流浪，旅行、學習、工作，顛沛流離，而極端自由的空氣與環境又讓我沉迷於這樣一種狀態。

我想起當初告別托斯卡尼來到波隆那的那一天。

所有的告別日都是陰雨沉沉，好像冥冥之中是為了契合那麼一種氛圍。

我的好鄰居羅莎早早給我備好了可頌、乾乳酪，還有一杯熱濃縮咖啡，又準備了一些曲奇餅乾，叫我帶著路上吃。

前一天晚上為了與我告別，她還與丈夫特地給我做了一頓豐盛的晚餐。

*我總是可以在一個城市的市集上體驗到溫暖的煙火氣。*

    這頓飯，為了紀念我們住在托斯卡尼這一年的偉大友誼。友誼不會結束，但在一起的時光要真真切切地結束了。羅莎作為一個西西里人，熱情好客的性格在她身上體現得淋漓盡致。做了一年鄰居，大事小事也沒少麻煩她。

    有一次她跟我聊起生活的時候說：「到了我這個年紀，唯一的願望，就是希望你們年輕人好好走下去。」

    她今年52歲，有兩個孩子和一個孫女。她總跟我說：「你們年輕人啊，一定要往前看，就算是我這一把年紀的人了，生活也還總是向前的。」

    從她那裡我總可以看見生活的希望。

    我們相擁告別，她鬆手的那一刻，突然要哭泣。

    好像人總是在這樣的相聚離別裡走過。只是很多年前我不懂，「分別」這個詞意味著什麼。

## 房子真是羈絆一生的問題

多次搬家的經驗讓我接納一個城市的速度越來越快,一週,足夠了。

在找到新家之前,我住在一個朋友家裡。房子實在難找,酒店又十分昂貴,只好厚著臉皮住到朋友家。雖然朋友表示非常理解,也處處照顧周全,但我仍然從心底抗拒這樣一種寄人籬下。

那幾日,除了吃飯和忙碌開學事宜之外,就是找房子。一邊瀏覽著各大網頁的租房資訊,一邊打電話,一邊從臉書上寫訊息給房東。義大利人散漫成性,恰逢週末,打去的電話總是被對方回說在忙,寫過去的訊息也極少被回覆。

當然,也要時刻關注中國留學生的微信群裡發出來的租房資訊。房子總是在訊息公告之後的一小時內就被搶空。中國學生向中國學生提供房子,是要收仲介費的,金額是一個月的房租。好像這是一種約定俗成的掙錢方式。

出門在外,可不是所有的中國人都幫中國人。

那幾日我每天睜眼第一件事就是看今天有沒有房東回訊。大部分訊息石沉大海，偶爾收到幾個有禮貌的回覆，也都是「非常抱歉，我家的房子已有人預訂」之類。

我住在朋友家的時候，他就睡沙發。我實在不好意思再讓這種日子延續下去了。

朋友看懂了我的心思。他說：「你再多住幾天，月底搬走。反正我一個人也無聊。」他性喜熱鬧，一個人住反而覺得孤獨。我來了，他寧可睡沙發也覺得好過一個人住。

隔天一早，好不容易約到三處房子要去看。

第一個是中國人的家，我在留學生群裡看到的資訊。

在我去對方家的路上，我便收到了回訊：「同學，上午有個女生帶著押金來，她已經把一整年的房租都交了。妳回去吧。」於是，這第一個家沒了結果。

另兩個是義大利人的房子，其中一個房東沒有在約好的時間出現，打電話又無人接聽，於是不了了之。在義大利，我早就習慣了被放鴿子，所以也不生氣。

至於第三個，看房時女主人的態度冷淡，她室友又急於把我送出家門，我也就知難而退、沒再問下去。

正在垂頭喪氣時，群組裡又跳出一條資訊來：「唐人街出租一個單人房，有意者請聯繫。」我應該是第一個打電話過去的人。

「喂，您好，我看到您的租房資訊，請問我明天能去看房嗎？」我說完就改了口，「抱歉，我能現在就去看房嗎？」

房東對我急切的心情有點驚訝。

「行。」她說。

我掛了電話就循著她發來的地址飛奔過去。

這個房子位於唐人街，自然樓下都是華人開的店，置身其中彷彿回到了自己國家。

房東為我開門。我端詳著家裡的角角落落。

床是歐洲二三十年代的公主床，有些復古，書桌是IKEA的簡約風格，牆壁艷色是西瓜紅，床頭掛著中國刺繡的「福」字，女主人的這種搭配，既有點中國風味，又保留著歐洲傳統的味道，還有點日本家居森林系的感覺。我連連誇她的房間好看，她聽得心花怒放。我心裡想著：「可憐我這個流浪人，千萬要讓我住下來啊。」

再往別處轉一轉，卻發現：衣櫃有些舊，斑斑點點的劃痕證明它確實是老古董，拉門也總是卡在軌道裡，得用點力氣才能滑動。轉身出來是廁所，洗衣機挨著門，導致門只能半開，淋浴噴頭的水像是擠出來的，抽水馬桶後面水槽箱的蓋子無影無蹤。

從廁所出來，便是走廊，左手邊是室友的房間，本來是連著走道的客廳，因為大，所以用三夾板隔開成獨立房間。也因此他房間的情況是不隔音，還漏風。房間門口掛著基督禱告圖，紅框黑字白底。

到了客廳，一張更大的耶穌禱告圖躍入眼簾，在這張圖上，紅字白底清清楚楚地寫著每月禱告日的日期。一股怪異的感覺突然湧上心頭。

然而在這樣一個關頭，我也無暇顧及這些了。

「按我們說好的，這是第一個月的房租。」我掏出現金給她。她很高興。這下，塵埃落定。我終於也可以緩口氣了。

雖然跟理想中的房子千差萬別，但畢竟是緊要關頭，先將就住著。等過了這段房屋出租的高峰期之後，再去看其他房子。

塵埃落定，終於盼來一個落腳點。人總是能等來柳暗花明的。

曾經有人告訴我，只要在心裡說「閃閃發光」，只要閉上眼睛說「閃閃發光，閃閃發光」，就會有許多星星出現在內心的黑暗中，變成一片美麗的星空。

我理想中的房子是那種歐洲中世紀的老樓,樓下是咖啡吧,閒下來的時候就能去聊天曬太陽的那種。理想歸理想,我們要有勇氣接受現實,並朝著自己的理想不斷前進才對。我總是這樣安慰自己。

義大利人的早餐和廚房角落

# 房子風波

朋友說，最近的生活，好像有人給了你顆蜜棗，又突然捶了一棒。我說，生活從來如此。

我剛搬進來的家，房東是中國人，在義大利定居快十年了，房子是她從義大利人手裡租來的，她十年前跟對方簽的合約。十年前的物價跟現在不能比，十年前房價低，而今全世界物價瘋漲，世界徹底變樣。

她有合約在那裡，付給義大利房東的房租仍然是十年前的。現在她給別人做保姆，吃住都在她主人家，自己的房間空出來，就轉租給我們這些中國留學生。所以她算得上是個二房東。二房東在義大利是不合法的，但是沒有人會舉報。中國留學生找房子難，因為大部分留學生的語言不好，煮飯做菜油煙味又大，要找義大利當地人的房子是有些難的。所以一旦有華人的房子空出來，資訊發佈出去，往往要不了一天就會宣告「售罄」，特別是趕上開學季。

所以，她以現在的房價轉租給我們，從中當然要撈些油水，不過這些都無可厚非，誰沒有個賺錢的法子呢。至於租房合約，由於她是個二房東，租約是無法簽的。

於是當我搬進去的時候，我們就達成了口頭協議：大家出門在外，都不容易，不簽約，房租可以稍微便宜一點，但是冬天不允許開暖氣。我是南方人，在江南住了二十年，早就習慣了南方那種錐心刺骨的冷，所以並沒有覺得這一點要求有多過分。出門在外，大家互相體諒一點就好。

新生活平平順順地過了一週，房東太太也時不時地回來看看，噓寒問暖。為了表示我的謝意與熱情，我也常常做好吃的來迎接她。

一週後她仍然常常回來。她總是有很多信件要收。她的信件放在我房間，我的房間原本是她自己住，現在我把房子租過來了，她仍然常常往這個房間裡堆東西，我忽然覺得自己的生活受到干擾。

有一次，我推門進家，見她四仰八叉躺在我床上跟自己兒子視訊，我差點沒把眼珠子翻到後腦勺。

但我竟然沒有勇氣告訴她，這裡現在是我的房間，沒有我的允許不能進來。我知道這段時間房子不好找，現在跟她理論總是我吃虧。

即使是在非常糟糕的日子裡,我也會試著去尋找生活裡那些閃閃發光的東西。那段日子我常常去聖盧卡跑步。被晚風親吻,被星星眷顧,讓大自然治癒心裡的傷痛。

後來我的房間她仍然常常進來，也不敲門。有時候我想多賴會兒床也沒辦法。我找不到其它住的地方，只好默不作聲地將就下去。

有時候我看看牆上耶穌受難的海報，在胸口比個十字：阿們。

一週後，我的新室友來了。他跟我一樣，是初來乍到的中國留學生。他的租房手續自然也跟我一樣，只是口頭協議。

新室友在這裡住了一週以後突然問我：「妳交房租沒？」

「我月初第一天就交了啊。」每個月第一天早上二房東準時來收租。

「她三天兩頭來，我還以為妳欠著她的債。」室友冷冷一笑。我可能真的欠她的債。

有一次，一個朋友來寄宿，住一晚上就走。浴室的流水聲嘩嘩不停，二房東剛好來巡查。老遠就聽她在喊：「你們水也省點用啊，洗澡洗十分鐘要浪費很多水的。」我「嗯」了一聲，左耳進、右耳出。

萬萬沒想到，她臨走的時候告訴我們說：「下次你們朋友來住，十歐元一晚上，這些都是要收費的。」

室友被她氣得一句話也說不出來。

又有一次，我長途旅行回家，室友告訴我：「妳不在的時候，她來妳房間睡覺，床單都沒換，第二天一早就走了。」室友冷冷地打趣我：「妳怎麼不向她要房租？」他的話弄得我心裡堵得慌。

這樣的日子持續了快兩個月。

有一天，我在暮色裡醒來，心是空的，好像被悲傷灌溉。

剛買來的腳踏車，停在騎樓被人扎破了輪胎。這邊沒有固定的停車位，上樓電梯太小，自行車容不下，只好把車放在外面天天接受冷風摧殘。

每每想起這些亂七八糟的事，心中的悲傷就匯成大海。

我以為我解決了房子這個大事，煮個飯一日三餐可以安安穩穩地解決掉。其它的，得過且過。室友卻過不了我這樣的日子，他看著滿屋子的東西，總是跟我說：「這個房子，我們既然已經租下來了，就有權利將它美化。並且這滿屋子都是她的東西，我們的東西往哪裡放？妳願意在一個亂七八糟的家住下去？」

於是我們開始整理起家來。

我們把房東的所有東西都安置到一個角落。恰逢年底，整理家務也是理所當然。

我後來找到了埃里克的房子。從上往下是埃里克、我、室友艾馬和我們的貓

新年伊始，我跟室友在外旅行。本來心情不錯，但我突然接到一個電話。

「妳給我從我家搬出去！」我驚愕不已，好心情消失得無影無蹤。這個沒禮貌的電話連最基本的問候都沒有。

我愣了好久才反應過來。

前兩天我跟室友整理家務，將那袋冰箱裡的蝦皮，放到牆角一個塑膠桶裡去了。

「那袋蝦皮是我從中國帶過來的，你們這麼一扔，它就壞了，你們要賠。」

「妳既然已經把房子租給我們了，為什麼還要往我們的家裡放東西？」室友一把搶過我的電話，惡狠狠地回嗆：「妳這一袋蝦皮占了整個冰箱的三分之二，我們兩個人買來的食物往哪裡放？」室友沒好氣，這趟旅行算是完結了。

「你們明天就給我搬出去。」對方蠻不講理。

「妳叫我們明天搬出去，我們連住的地方都沒找到，怎麼搬？」

「那我給你們半個月時間找房子。」對方好像意識到理虧，緩了口氣跟我們說。

罷了罷了，我下定決心，回去就搬家，再也不忍受這股窩囊氣。

後來，我跟室友去問女房東要押金，她在家裡裡裡外外檢查一遍，說是衣櫃門破了，廁所噴頭不好使了，地板被搞髒了等，總之是「很有道理」地把我們的押金扣了一大半。

「你們小學生的道理呢，我們大學生是不懂的。」室友有禮貌地跟她攀談起來。她連連點頭，沒有聽出話語裡帶著刺。

這一次，我跟室友找房子都特別順利。好像是命中註定，我就這樣遇見了埃里克和艾馬，生命裡美麗的花兒都開始綻放。

只要心裡念著光，就一定會見到光。

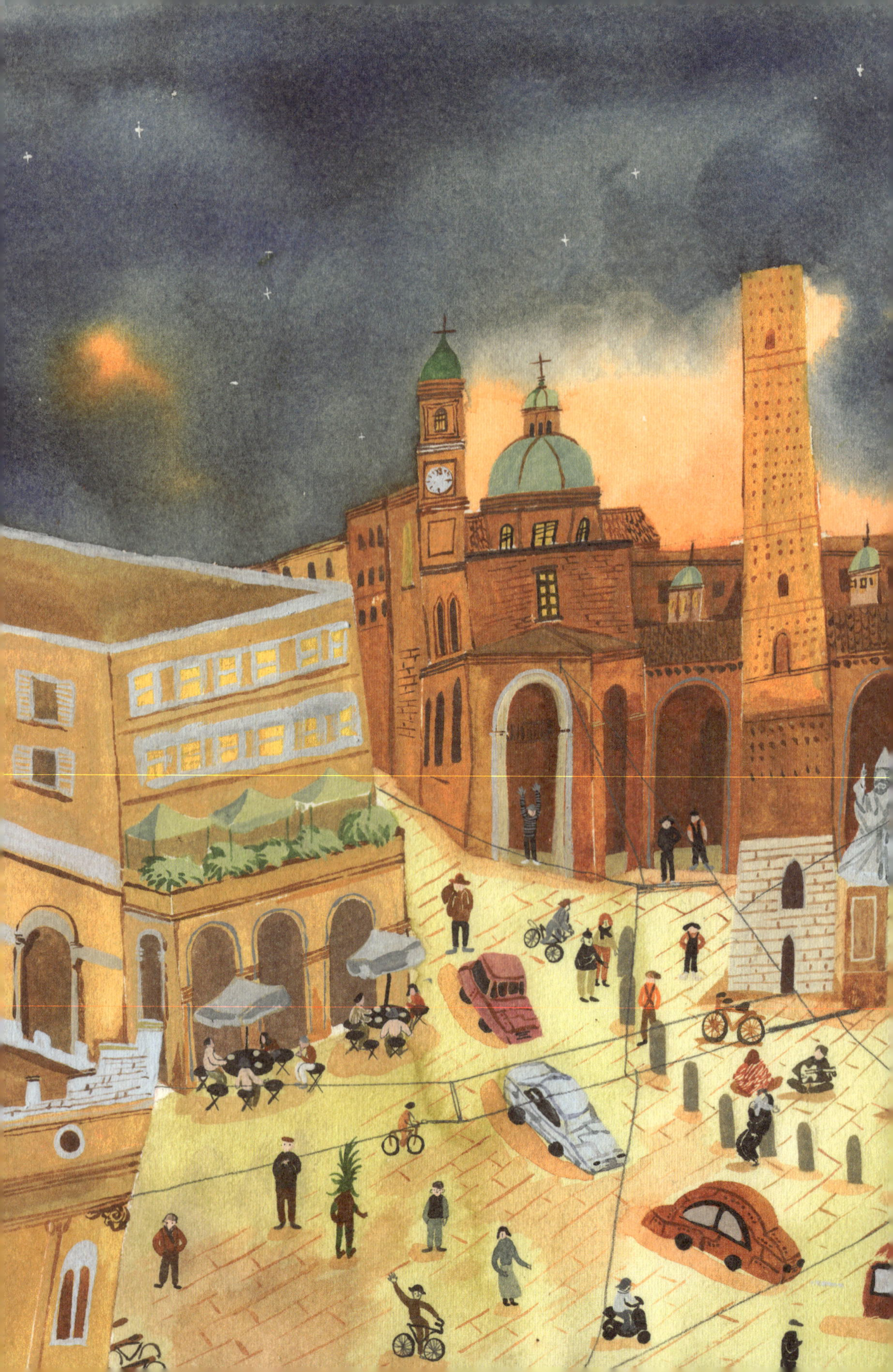

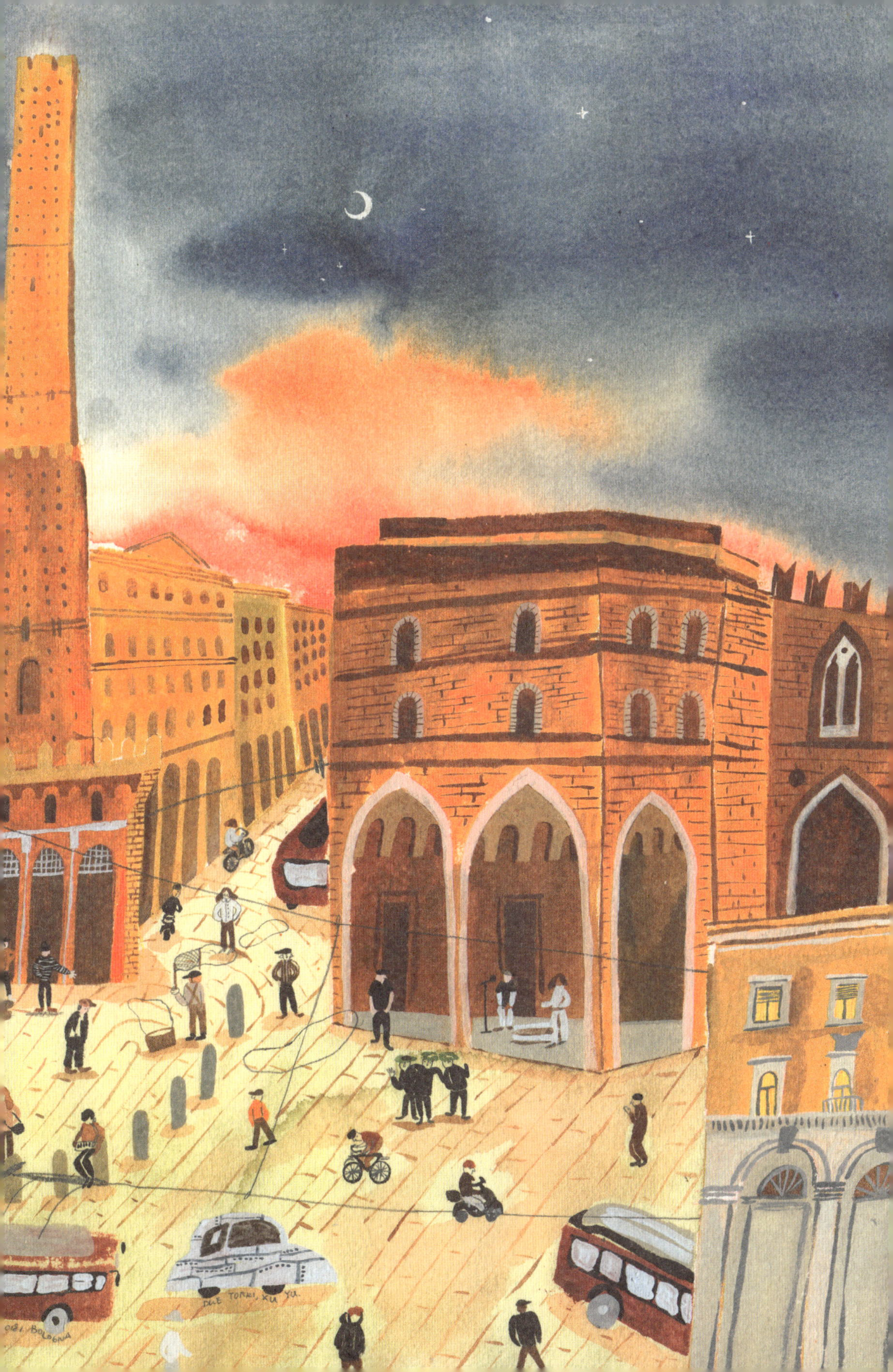
DUE TORRI, XU YU.
BOLOGNA

# 平安夜的糖

冬天的波隆那總是霧濛濛一片，冬季溫和多雨，夏季炎熱乾燥，是典型的地中海氣候。

平安夜的時候，我一個人在波隆那，朋友們各自忙碌，該回國的回國，該旅行的旅行。

埃里克突然問我：「露琪亞，妳要不要跟我的家人一起吃晚飯？反正妳現在也是被拋棄了。」

我心裡翻一個白眼給他，嘴上卻答應了。有時候太孤單了也不好，偶爾把自己放到一個群體裡，光會照進來的。

「拜託，你一週回一趟家都還需要導航？你腦子是豬腦漿做的吧。」我不想放過任何嘲笑他的機會，他也常常如此。

「我家？沒有說要去我家呀，我們去的是我舅舅家。」

「啊？」原本以為我是去他家才滿心歡喜地答應。他有一個可愛的家，爸爸媽媽又是極溫柔的人，我平素是個怕生的人，去他家玩卻覺得舒服。這下要去一個完全不認識的大家庭，和很多人講話，突然很想下車直接走回去了。

「一樣的啦,都是我的家人。」埃里克斜眼看過來,「我也沒看出來妳平時有多害羞啊。」

「哎呀,可是我沒有幫你的表哥表姐準備禮物啊。」

「都說了妳不用擔心啦,人去了就好了。」埃里克說著朝我眨了眨眼睛。這樣的眼神確實是能給人信心。

生活裡這樣的鼓勵要多些才好,這樣就可以建立起人與人之間的愛。

冬天的歐洲大陸天黑得很早,下午4點鐘的時候,街邊路燈就開始亮起來。黑夜被拉得很長很長。

我們的車停在一棟兩層樓的小房子前面。小房子的窗戶上掛滿星星燈,一閃一閃,是耶誕節的模樣。

埃里克出發前在家磨蹭了半小時,我們出發的時間其實應該是我們到達的時間。不過大家已經把這樣一種遲到當成了習慣。

埃里克的舅舅，留著山羊鬍，戴了副藍框眼鏡，有點像《怪博士與機器娃娃》裡面的博士爸爸。他熱情地過來和我握手。大概物以稀為貴，大家好像對我這個唯一的外國人特別感興趣。

我空手而來，本身就有些尷尬，再加上埃里克是個遲到大王，我們晚到30分鐘，我更覺得不自在。

走進屋裡，餐桌中央坐了一位頭髮花白的女士，面色紅潤，是埃里克92歲的外婆。她身體不便，所以埃里克的媽媽挨著她坐。

外婆德高望重，眾人圍著她轉，上來的菜第一口要給外婆吃，飲料要第一個給外婆倒，分菜也是外婆優先。

外婆的身形福態，行動不太方便。她吃飯用手，一不小心就會把胸前的衣服搞髒。因此埃里克的媽媽一直在幫外婆換餐巾。

媽媽這樣照顧外婆，就像很久很久以前外婆照顧媽媽。看著餐桌上這母女倆，心裡面又暖起來。

人間真是有很多愛呢。

「外婆，妳用了5塊桌布啦。」

「外婆，妳知道自己幾歲了嗎？」

「我82歲。」

「媽媽，妳確定嗎？」埃里克的媽媽湊到外婆跟前。

「難道85了？」外婆說起話來的時候，圓潤的臉上容光煥發。

人活到一定年歲，是會返老還童的。我特別相信這點。尤其當快樂一點一點積攢起來的時候，這些快樂會在某一天以另一種能量釋放出來，再繼續傳遞給身邊的人。

外婆到底沒有答出來自己的年齡。她忽然把視線移到我身上來。

「你們頭髮的顏色都是黑色的嗎？」她摸著我的頭髮，「我也想要這樣的頭髮。」

餐桌上的人們，也許考慮到只有我一個人來自他鄉，話題總要扯向東方文化，好讓我更有參與感。

沒有準備禮物的我竟然收到好些人的禮物，心裡面立即感受到滿滿被蜜糖填充般的幸福感。

# 芬芳的花朵

「露琪亞，我以為妳會緊張得說不出話。」埃里克轉動車鑰匙。真是個奇妙的平安夜。

「剛開始的時候有些緊張，不過你的家人都很親切，然後我就不緊張了，就能講很多話了。」

埃里克朝我豎起大拇指，眨了一下眼睛。

我也朝他眨眼睛，這是我們之間的一種默契。每每這個時候我就會覺得埃里克真是個善良的好人。

跟埃里克做室友，時好時壞，我們也經常吵架，往往是因為文化差異。

譬如有一次，我在廚房裡準備做紅燒豬蹄，埃里克很好奇。歐洲人極少吃豬肘、豬蹄、動物內臟，他見我在煮豬的蹄子，心裡自然有一萬個好奇。我從網路上搜尋圖片給他看，在我看來是人間美味的東西，他卻嗤之以鼻。

埃里克脾氣不好，大部分時候口無遮攔，他張口就說：「這是坨屎啊，油膩膩的，顏色還這麼醜，中式料理看起來真噁心。」

他不知道這話冒犯已經到我，說我做飯不好吃可以，但說我家鄉的美食是垃圾，卻是萬萬不可以的。

我當即吹鬍子瞪眼：「你不吃別吃，又不是做給你吃的。」

他居然還接著這個話題說下去：「我們不要做這種噁心的東西，做點有起士的美味佳餚。」

我甩下手裡的碗，拍桌子走人：「你才讓人噁心。」

夜裡空氣冷，風裡帶刀口。我在街上漫無目的地遊蕩，心情低落的時候總是很想回國。

突然手機螢幕亮起來：「露琪亞，妳別生氣，我去中國餐廳買紅燒豬蹄，妳回來，我們一起吃，艾馬也說要吃。」

埃里克的道歉短訊突然讓人覺得好像可以原諒他。

我並沒有回去，他也沒有去中國餐廳買紅燒豬蹄。不過後來關於食物的交鋒，我們之間再沒有發生過。大家都刻意避開了這個話題。

　　有一天夜裡，我突然在路上撞見他，他準備去市區開始他的夜生活。

　　他莫名其妙地和我說起話來：「真抱歉，露琪亞，有時候我表現得很壞，請妳不要放在心上。」

　　我先是一愣，然後心裡瞬間樂開了花，儘管埃里克無厘頭的道歉，也不知是為他做的哪件事。

　　他說完要跟我擊掌。兩掌相對，一擊掌，一對拳，我們又是很好的朋友了。

　　後來我每每想起生活裡的這些「小確幸」時，心裡也總是充實起來。這些伴隨著四季更替結出來的花朵，芬芳著生命。

學校附近的一家書店裡,黑板上寫著「電子幸福探測儀」,每每路過這家店,就會覺得這是一家富有人情味的書店,好像他們會出售愛。

# 聖誕

有一年耶誕節，我跟妍昕和米歇爾在市區的中心廣場散步。聖誕樹上張燈結綵，星星燈掛起來，立在樹尖，特別驕傲。

「每年這個時候我都會覺得特別孤獨。」妍昕舉起啤酒喝上一大口。

「有什麼好孤獨的。」我從妍昕那裡接過啤酒，也吞下一大口。

在義大利待久了，偶爾也會拎瓶啤酒在大街上溜達。

這個時候便會想起家鄉的火鍋，熱呼呼的食物，蘸點醬汁，一入胃便暖了心房。

米歇爾突然開口：「妳們新年是什麼時候？」

「每年不一樣，明年是2月5號。」我說。

「妳看，明年2月5號正好也是我們的假期。」米歇爾掏出手機看日曆說著，「我們可以來幫妳們慶祝呀。我們去買些妳們過年要吃的東西，妳們把中國朋友都邀請過來。不要一個人過，多叫幾個朋友，就當作為我們展示中國人過年都怎麼吃！」

米歇爾把瓶中剩下的一點啤酒一飲而盡。

「那說好了。」他說。

受到別人的照顧，心裡一點點暖起來，頓時感覺到生活的可愛。

這樣的可愛常常發生。

有一次說好去纖禹家吃火鍋，纖禹是西安人，口味重，而每次我去的時候，我吃不了辣，她就單獨準備一口清湯鍋，常常把食物分成兩份。

我因而也常常體會到留學生之間友誼的偉大。每每這種時候，就期待著未來的日子久一點，再久一點。

這些生活裡的可愛，我要將它們全部留住。


還有一次深秋時節，樹葉蕭蕭，我跟米歇爾在郊外一個城堡裡散步。

124　手繪義大利的每一天

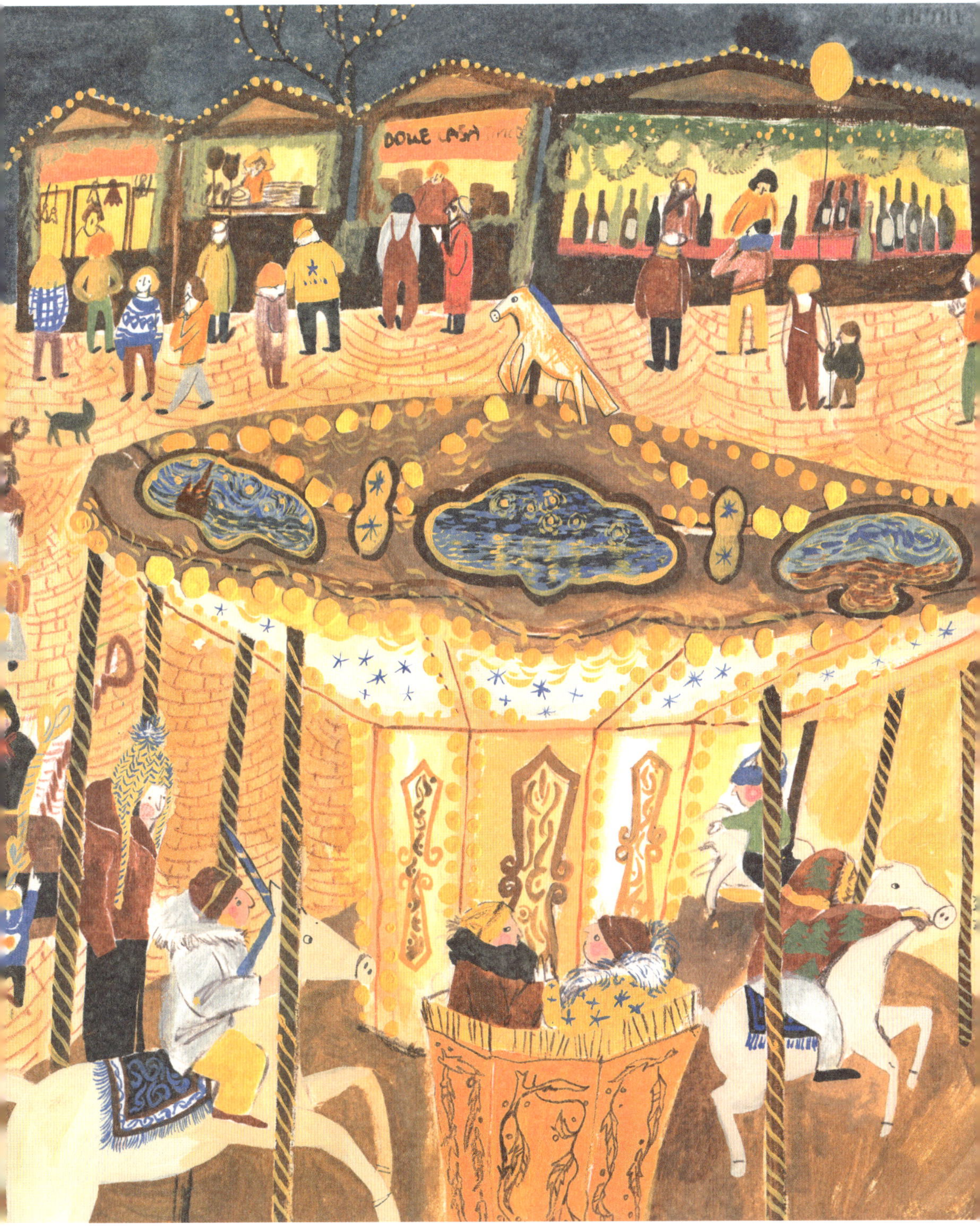

「露琪亞，冬天的時候，我們去杜林吧。我還沒去過杜林呢。」米歇爾說。

杜林位於阿爾卑斯山腳下，秋冬的時候極美。

「好啊，那等下雪的時候，我喜歡雪。」大海跟冬雪是我覺得生命裡最美好的事情。

「那就這麼說定了哦。」米歇爾說完要跟我擊掌對拳。

獨在異鄉為異客，但我這個異鄉學子好像格外幸運。

米歇爾跟我們一樣，在異鄉生活工作。

「比起那些不容易，美好的事情還是會多一些。我們都一樣，在異鄉生活，所以我懂。」米歇爾長我十歲，講起話來像極了循循善誘的好老師。

「每一次出行都要帶著心，旅行途中帶給妳的東西，那就是妳的了。」

「我是說那些看不見的東西。在妳需要的時候，當妳脆弱、悲傷、難過，那些妳心裡積累起來的東西，它們會拯救妳的。」

「有一天妳回中國了，或者又去別的國家了，請妳一定要記得心裡的東西。」他指著左心房的位置說。

「好。」我跟著他指著左心房，「經歷過的事情和心情，我是不會忘記的。」

後來我去機場送他，他又說了一段意味深長的話：

「有時候我羨慕妳四處漂泊，但是我會更喜歡安居樂業的小日子。不過有什麼要緊的呢，浪跡天涯也好，安居樂業也好，每個人都有自己的生活方式，能為自己的選擇買單就好了。」

他說完過來擁抱我，「祝妳好運。」我們異口同聲。而後他轉身走向安檢。

飛機在遠方滑行，奔向那一片晴空白雲。

人生在世，相聚重逢，告別離散，各自珍重。

人間有很多愛，不要錯過。

# 波隆那博物館之旅

　　這個短篇是我的一次漫畫作業，教授給的主題是「以一個非人的事物作為畫面的主題，結合旁白，畫一個具有哲理的短篇」。那段時間我對波隆那的大小博物館很有興趣，於是我就把各個博物館串連成線索，作為敘事旁白，一邊解釋著各個博物館的資訊，一邊帶著主角遊覽，最後到達波隆那的卡爾特猶太公墓，暗示者最終我們每個人都要面對死亡。因此，如何讓這一生變得更有意義就很重要了。

# 一個人的義大利之博物館之旅

編繪 | 須火

波隆那雖然是個小城市，但它的博物館資源應有盡有。

首先就從阿奇吉納西歐宮開始吧。

自羅馬衰落以來，基督教歐洲解剖學的第一個重大發展就在波隆那。

呼……

好華麗的徽章啊。

解剖學教室，位於阿奇吉納西歐宮裡面，在「二戰」中受到毀滅性打擊，現在我們所看到的是重建以後的解剖學教室。

富麗堂皇的感覺好奢侈哦。
阿奇吉納西歐宮，在它的走廊通道裡有近6000枚徽章，象徵著權力與家族，每一枚徽章都有一個故事。
現在讓我們去附近的動物學博物館。

動物學博物館，座落於波隆那大學生物系的教學大樓內。館藏豐富的動物標本資源，從爬行類、兩棲類、哺乳類到鳥類，三層樓的教學大樓中有兩層是供遊客參觀的博物館，可見他們的教學資源是相當豐富的。

131

跟著他們去冒險吧，生活需要這樣的勇氣。

現在我們來參觀一下波隆那音樂博物館。波隆那除了是個電影之城、圖畫書之城以外,還是個音樂之城。

波隆那音樂博物館,館藏包括中世紀、文藝復興以及現當代的演奏樂器,還有波隆那公共劇院的模型。

義大利著名作曲家羅西尼就曾任職於波隆那音樂學院。

在人類歷史浩瀚無垠的長河裡，有人做出貢獻，留下歷史痕跡，有些則是默默地來，悄悄地走，帶不走，也留不下。這些都不重要，重要的是，我們馬不停蹄地向前，不停地經歷、成長。

也要有面對死亡的勇氣。

卡爾特猶太公墓。猶太公墓位於卡爾特紀念公墓內部，建於19世紀下半葉，現在公墓被分為三個部分。

最古老、最有趣的部分保留了屬於Muggia，Zabban和Zamorani家族的紀念性墓碑。還有Al-berto sanguinetti的墓塚，呈花葉式風格。

FAMIGLIA VERONESI

勇者之心，

FAMIGLIA ALDO ROSSI

一往無敵。

FAMIGLIA CREMONINI

表達那小時光

那些戰爭中死去的亡靈，
那些年邁而去的先輩，
逝者已矣，
生者要不停向前。

懷念過去，也相信未來。

山間
馬爾比諾

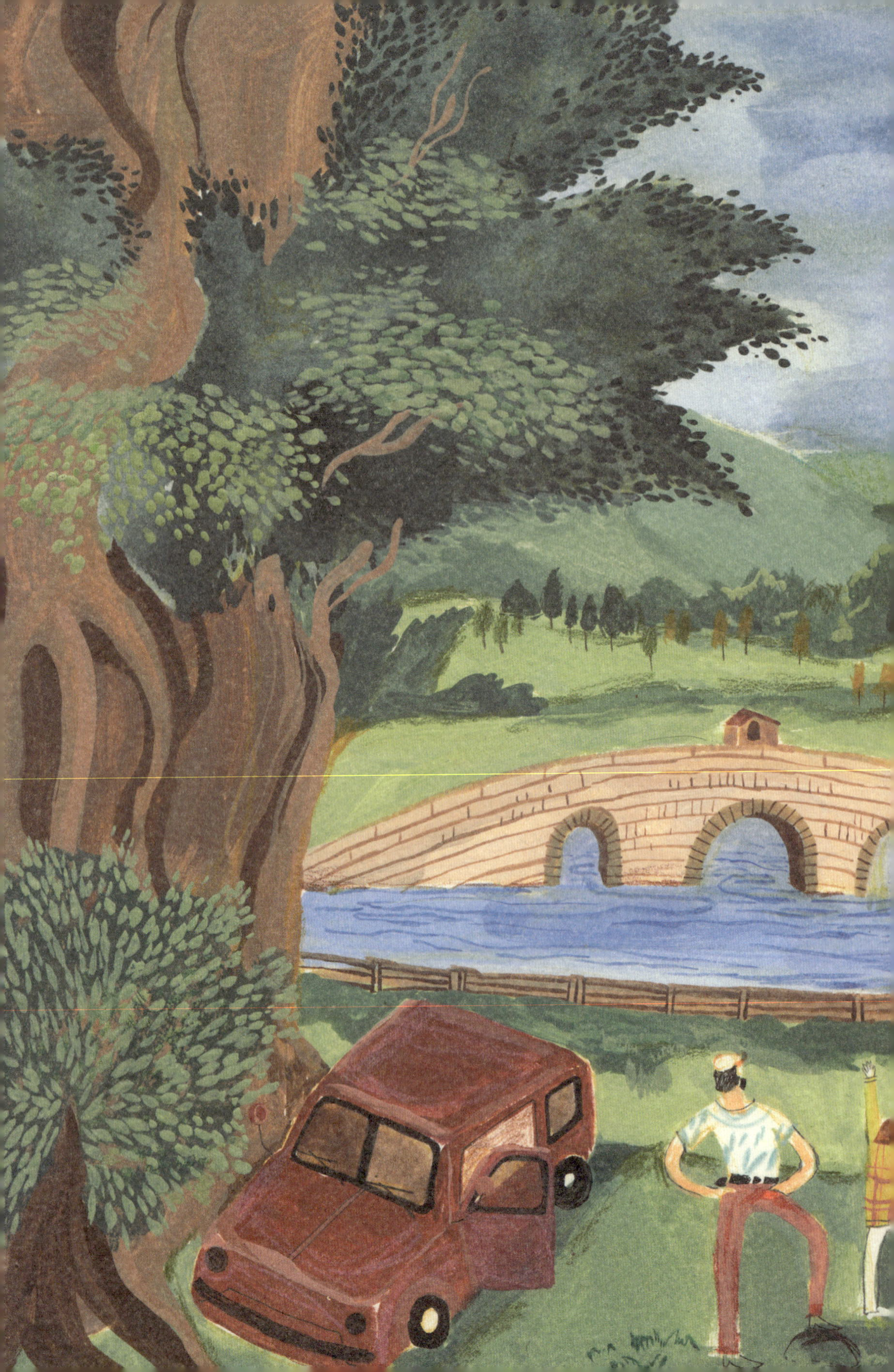

# 烏爾比諾
（Urbino）

　　烏爾比諾是義大利瑪爾凱地區一座城牆環繞的城市，位於佩薩羅西南方，座落在一個傾斜的山坡上，保留了許多中世紀景色。該城市具有引人矚目的文藝復興時期歷史文化建築（尤其是1444年至1482年，在領主費德里科‧達‧蒙特費爾特羅的贊助下興建的宮殿與防禦工事）。其中最著名的名勝「公爵宮」（Palazzo Ducale），已被列為世界遺產。而成立於1506年的烏爾比諾大學，也是烏爾比諾總主教駐地。

　　這裡還是「文藝復興畫壇三傑」之一，拉斐爾的誕生地。

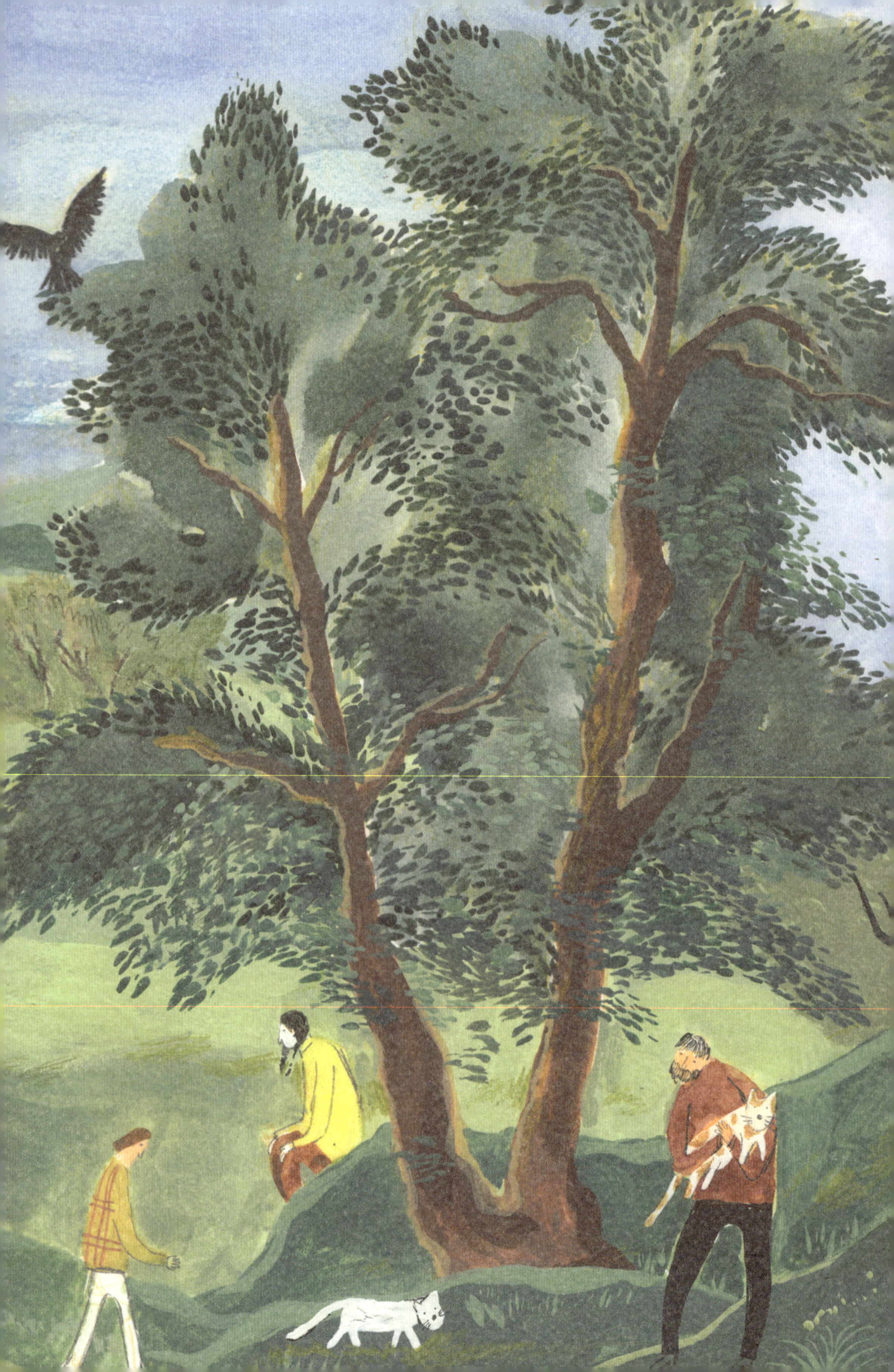

# 山居老人

「奧拉齊奧人很好,有一次,他開了6個小時的山路把我們送回家。還請我們去他家吃飯。」芋說起奧拉齊奧的時候總是神采奕奕,「奧拉齊奧是個傻老頭,他不光請人白吃飯,還倒貼給人家錢。他總是把一些亂七八糟的人帶到家裡白住。」芋總是說,「他這個人就是太善良。」

「他可虔誠了,有一次他開車去市集,路是往前開的,原本沒什麼錯,但他心裡總有一個聲音告訴他:「請你往左開,快往左開,請你往左呀!」芋攤了攤手,「於是他就真的往左開了,你說怎麼會有這麼傻的人。」

「後來呢?」我忍不住想要知道結果。

「後來他在左邊路口碰上了一個要過馬路的盲人,於是他就下車幫他過馬路。」芋跟我說得一本正經,「他說他幫完那個盲人以後很開心。」

「是,我承認助人為樂是件開心的事,可是他從來就沒有想過自己。我都以為這樣的好人已經從這個世界上消失了呢。」芋說得眉飛色舞的,看得出來,她很喜歡奧拉齊奧。

芋總是跟我談起奧拉齊奧——那個天真得不能再天真的老頭兒。因此,我心裡總是念著,等有一天我一定要去見見這個老頭兒本尊。

有一天,我在芋家裡吃飯,芋突然接到奧拉齊奧的電話。

「噢,我親愛的芋,請妳復活節來我家玩好嗎?」芋開著擴音,我們都能聽見奧拉齊奧熱情的邀請。

「噢,當然可以。」芋看看我,「妳要不要去?」我向她點點頭。

「奧拉齊奧,你要跟我的朋友打招呼嗎?她也一起去,可以嗎?」奧拉齊奧自然是同意的。

「嘿,妳好啊。」電話那頭傳來幽默憨笑的聲音,「我叫奧拉齊奧。」這是我第一次跟奧拉齊奧說話,他熱情得好像我們相識已久。

就這樣,我們去了烏爾比諾。那是一座山中小城,古老城牆散發著文藝復興時期的氣息,山間綠樹成蔭,大片大片的綠,把這裡築造成一個童話世界。

我終於見到了這個老頭兒。他滿頭華髮，中間一束頭髮向天沖起，髮際線連著大鬍子都是白的。他臉上微微染了點紅暈，像齊天大聖大鬧天宮時偷吃的蟠桃。

「嘿，我的朋友，最近好嗎？」他一開口就像孩子一樣擺動起四肢，我腦海裡浮現周伯通（金庸小說裡的老頑童）的模樣。奧拉齊奧可能是異國版的周伯通。

他的生活也像極了周伯通。

他的房間總是亂七八糟的。床頭櫃上堆著褲子，茶几上擺著一隻襪子，另一隻飛到了床底下，牙刷躺在水槽上，牙膏卻不見蹤影，掃把倒地，鞋子從來不成雙，房間裡滿地的衣服像是遭過賊一樣。只有廚房裡的盤子整整齊齊地堆疊在一起。

亂七八糟的不只他的房間，他的生活也如此。有一次他在自己的工作室畫圖，回家時已經十二點了，他感覺有點疲累，於是就把車開到半山腰，靠在一棵大樹底下，他就睡在車裡，直到天亮。山裡野風吹、豺狼嗥，於他，卻是一點也不相干。

他總是睡覺，且睡覺的時候不分場合。有一次他帶我們去朋友家聊天，朋友們聊得正歡喜，他卻夾在兩人中間打起盹兒來。朋友們都笑他人老了，沒力氣了。

他突然清醒過來，一口否認：「我在思考人生！」真是一個倔強的老頭兒。

屋子裡的壁爐燒得房間暖烘烘的，整個人都要耷拉下來。奧拉齊奧的腦袋左傾右倒，我和芋都偷笑起來。

「那你現在是在睡覺還是在思考人生呢？」我們忍不住和他打趣。

「我每天需要思考很多遍人生。」他突然清醒過來。老頭子又生龍活虎起來，好像歲月並沒有在他身上留下痕跡。

我跟芋在他家住了一週，他對我們一直很熱情。

屋子裡，壁爐的火燒得正旺，柴火發出劈里啪啦的炸裂聲。屋子外，寒風依舊呼呼吹，已經是四月了。

「今年的春天來得有些遲啊！」他摸摸枝頭的嫩葉長嘆一聲，「但是啊，春天總還是會來的。」他可能還在等生命中那個他始終都相信會出現的人。

「有一次，我幫他帶了一個電子鍋，光是教他，就用了近一個小時，我甚至都畫出來了。你說他笨不笨。」芋說的時候眼珠子都要翻出來，「他就是學不會！」

「後來，這個老奧拉齊奧又跟我打電話說他會用這個鍋了，但是米煮出來的樣子爛成了漿糊。」芋說著又一臉無奈，「天知道，他開的居然是煮粥模式！」

我知道，他亂七八糟的生活依舊有滋有味地進行著。在那座文藝復興時期留下來的小城裡，日日又日日，年年復年年。

在奧拉齊奧家裡還畫了一張他過世的媽媽

這是奧拉莽奧和我給他畫的小畫

## 大衛的愛情故事

忻是我留學的朋友裡面與我較為親密的。

說起來,她的性格有些內向。平日裡私底下跟我有說不完的話,一到超過三個人的聚餐,就悶聲不響,滿臉嬌羞的模樣。

臨近耶誕節,我們這些留學生也辦了一次聚餐。那一次聚餐上還有去英國做交換生飛回來的大衛。

大衛是我朋友的朋友,不過好像我們之間有一種一見如故的親切感,因而他也總是跟我說很多事。

大衛性情溫和,能說會道,像聚餐這樣的場合總是可以跟很多人談笑風生。忻跟大衛,好像是截然不同的兩種人。

忻悄悄跟我說,那次聚會她就對大衛一見鍾情了。

而大衛告訴我,他正在為一個女孩心煩,那個女孩叫菲歐娜,是他在英國念書的朋友。他對她傾心無比,說起菲歐娜時滿臉都洋溢著喜悅。

「我喜歡她,喜歡到在夢裡思念她。有一次她生病,我給她做飯,敷溫濕的毛巾,莫名其妙地我就越來越喜歡她。她看起來很弱小,像隻受了驚嚇的小刺蝟,但又很優雅。我想要保護她。」

「後來她好了,她從我身邊跑開了。有一次我去她學校樓下找她,她好像故意要避開我一樣,我不明白,我只是想要跟她講幾句話而已。」

「妳知道,英國與義大利很不一樣。在英國,寂寞感會強烈很多,大概是因為沒有太陽吧,英國總是在下雨。天陰的時候我就想她。窗外下著雨,我心裡想的人還是她。」

大衛跟我說起菲歐娜的故事時滔滔不絕。

「有一次我們這些中國學生計劃著一起出去郊遊,她也在。我就故意坐到她旁邊。我剛要開始跟她講話,她就拿出化妝鏡來抹口紅,我居然就這樣看呆了,那樣一種胭脂紅在她唇上像兩顆閃閃發光的小櫻桃。妳知道嗎,我當時特別想吻她。她太美了,渾身都散發著優雅的氣質。」

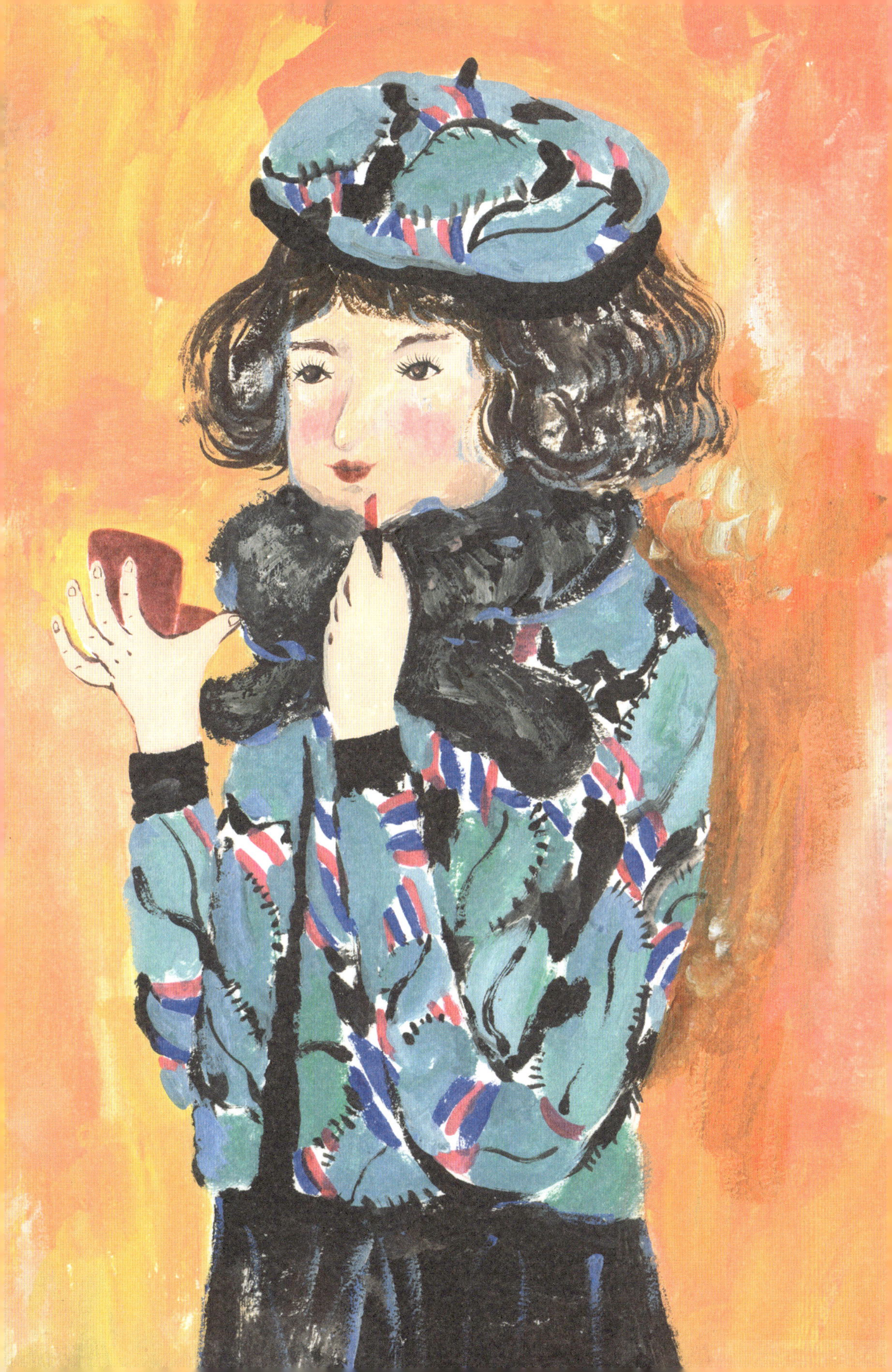

「可是只是我喜歡她而已,她身邊不缺男生,我知道。」

　　大衛說著菲歐娜的故事,突然有些惆悵,他很喜歡她,他總是去約她,菲歐娜卻總是以各種藉口推托掉。聽起來,好像又是一個悲傷的故事。

　　聖誕假期那段時間,我們約了一起活動,忻、我、大衛,還有兩個朋友。忻常常在大衛不在的時候跟我們講他。我們都知道,忻喜歡大衛。

　　可能只有大衛不知道。

　　有些人會喜歡性格與自己截然相反的人。忻就是這樣的。

　　異性相吸根本不成道理,忻只是單方面喜歡大衛,就像大衛單方面喜歡菲歐娜一樣。

有一天，我們一起去觀賞馬戲，馬戲團的表演十分精彩。然而忻的心思根本沒在馬戲上，大家也有意要讓忻離大衛近一點。表演結束以後我們合影，大衛站在我身旁，我故意把忻拉到大衛身邊，大衛好像覺察到些什麼，又把我挪到中間，他把眼睛瞇成一條縫，笑得有些奸詐：「哎，妳個子矮，站中間比較合適。」

　　聽起來好像在跟我說話，卻硬生生地把他與忻隔開了。

　　他是在裝瘋賣傻。他的回答其實很明確。

　　我知道他心裡的位子被菲歐娜佔據著。

　　人們在談戀愛的時候總是一團糟。無論是細水長流的愛情，還是一見鍾情的愛情，但凡付出真心，都要品嘗一下痛苦是什麼滋味。

　　聖誕假期很快就結束了，大衛回英國，他說他去追求幸福去了。他心心念念的依然是菲歐娜。

有一天，我突然接到大衛的電話。

「菲歐娜回日本那天，我在機場與她表白了。你猜她怎麼跟我說？她講了一個她自己版本的小王子故事：她的小王子有很多很多玫瑰，卻始終沒有一朵那樣驕傲的；她也有很多很多隻綿羊，但每一隻都站在盒子外面；她可以看九百九十九次日落，依然每一次都傷心無比。」

她說：「你不會是那朵驕傲的玫瑰，也不是那隻盒子裡的綿羊，我看日落的時候依舊傷心，當然，你也不會是那隻我想馴服的狐狸。」

「我知道，她一直一直都很高傲，所以她的話並沒有傷害到我，我也知道我的這場戀愛終於結束了。一直都是我一廂情願。她是我的玫瑰，而我沒有能力馴服她。」這一次，大衛說的時候好像釋然了。

大衛走後，忻又多次在我跟前提起他。

我說：「要不把自己的心意告訴他吧。妳可能會遭到拒絕，但是妳會釋然的。」

忻聽了我的話，她早料到了結果。

「好朋友才能天長地久嘛。」大衛的回覆很輕巧。

忻長長地舒了口氣：「我算是給自己這段糟糕的暗戀畫上一個句號了。這樣我就有信心等未來的人了。」她說完有些激動地過來擁抱我。

人生海海，大家就此別過。

每個人都在追逐愛情，可是沒有人追到愛情。

耶誕節以後馬上就是新年。新年的時候，天氣又冷了些。山裡的雪紛紛揚揚，靜悄悄地落了一夜。

那天我們去爬雪山，忻突然說：「即使有一天我們真的在一起了，我是說大衛，我們可能很快就會分開吧。可能就是這樣一種沒有辦法在一起的感覺讓我一直迷戀著他。我迷戀的可能是一種遙不可及的感覺。」

我注視著忻的眸子,她的目光裡滿是溫柔。

人人都在追逐著什麼,最終卻都無法企及終點。

半年後的暑假,大衛又回來了,我問他:「那個菲歐娜,還想念嗎?」

「偶爾,非常少了。事實上,後來我又喜歡上別的女生。我不想跟妳撒謊。」他說得蜻蜓點水。

「你有沒有想過,我們這麼強烈地想要去談戀愛,或許只是因為我們太孤獨了。」我有些認真地跟他說,「我們想念的可能只是想念一個人的感覺吧。」

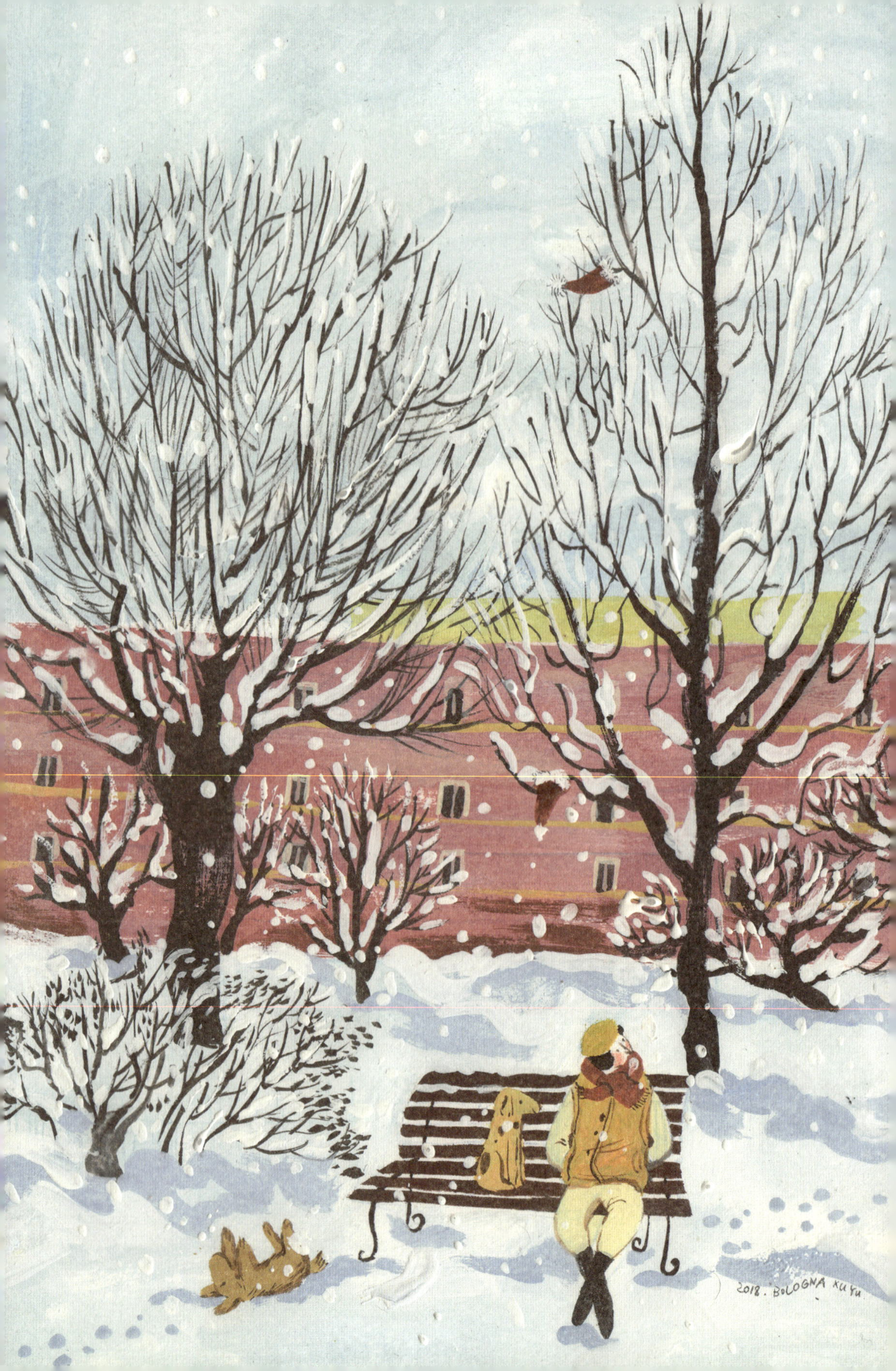
2018. BOLOGNA XU YU

春天,草長鶯飛,常常看到鹿群(也可能是麂子)出沒在山裡。

# 小丁與艾瑞克

　　J是我的朋友,因為住民宿結識了艾瑞克。J跟艾瑞克一共見過兩次面,但是她覺得她愛上他了。有一天,她跟我講起他們的故事。

　　艾瑞克經營民宿,不過他的民宿不大,甚至第一眼看到他提供的房間的時候,J都不想去了。他提供的民宿原來就是擺在一個房間裡的一張學生床。如果不是因為價格低廉、旅客對他的評價實在,J才不會選擇這一家。

　　第一次見到艾瑞克的時候,J就被他栗色的頭髮吸引住了。微捲,帶點蓬鬆的效果,像風風火火的搖滾明星。他先來跟J握手,他知道中國人的禮節。

　　J說:「你的髮型很像約翰・藍儂年輕時。」

　　艾瑞克立馬就笑了,「啊,妳不是第一個這麼說的哦!」他們沒有做自我介紹,卻好像有一種自來熟的默契。

　　艾瑞克帶J看房間,從客廳到廚房,介紹他的室友們,熱情得讓J不知所措。

　　艾瑞克總是在講話,剛跑完步回來的他,頭髮上仍是汗涔涔的,樣子很迷人。J是個十足的「外貌協會會員」。

　　原來,J到他的城市是要參加一個入學考試,那晚本來是要好好複習的,因為第二天會有面試。結果晚上10點,她收到艾瑞克的短信:「請妳出來玩吧,妳該認識一下這個城市。我跟我的朋友們在一起,他們很歡迎妳。希望妳出來一起玩。」文末還加了個笑臉。

　　既然是這般誠懇的語氣,J總是不忍心拒絕的。況且好奇心也推動著她前去探索這個陌生的城市。

J形容的這個城市沒有車水馬龍，夜半時候只有零星的行人。而到了大學區那一塊，學生漸漸多起來，三五個圍成一團，喝啤酒談天說地，走到那裡的時候，才能讓人感受到身體裡流動的血液在沸騰。那是艾瑞克的城市，艾瑞克的城市是屬於年輕人的。

　　她又見到他了——那個長了一頭栗色頭髮的艾瑞克，他身邊多了兩個朋友，他見到她，上去擁抱她。

　　他說：「我知道中國人都很害羞，不愛講話。不過，我覺得妳是個例外，我看得出來，妳其實很愛講話對不對？」

　　他邊說邊比畫著，義大利人說話的時候總是不停地比畫著手勢。

　　「你們中國人最愛吃餃子」，他忽然把話題轉移到了食物上，「妳可以教我做餃子嗎？」他很溫柔地問J。

　　「當然。」J說，「我們還吃餛飩，那是一種跟餃子很相近的食物。」說完，J去網路上翻了幾張餛飩的圖片給他看。

　　「我要吃混蛋！」他很生硬地蹦出這幾個字來。

　　「不對不對，不是混蛋，是餛飩，一種類似於餃子的東西。」

　　聽他說要吃混蛋的時候，J笑得直不起腰來，「混蛋是罵人的話，你要吃混蛋，那你吃的就是一個大壞蛋！」

　　他跟著也笑了，他追著他的朋友跑，「我要吃你們這些混蛋！」J在後面跟著，很想把眼前這一幕記錄下來。

　　但這樣感人的時刻相機記錄不了。

　　他帶J感受這個城市。後來他們就在廣場上坐下來，他跟路邊賣啤酒的吉普賽人要了兩瓶啤酒。他又說話了，他總是喋喋不休：「我到過加拿大，因為二戰時有親戚留在那裡，我就去看了看，後來又坐船去了倫敦。也在日本待過一個月，但是啊，我最喜歡的仍然是義大利。」

　　他說：「我不知道為什麼人們要這麼努力地工作。我就是不喜歡。我喜歡在義大利，只有在義大利我才覺得自己是活著的，人們在過日子。」

　　「在義大利，人們在告別的時候會互相擁抱，這讓我覺得人間是有愛的。」

「我在其他國家待過一些日子，我覺得他們都太冷漠了。再或者他們每天都在工作，我覺得很累。」他說著聳了聳肩，「在你們國家是什麼模樣呢？」

「有點不一樣吧，比如擁抱啊，一般只有情侶才會做。不然其中一方可能會吃醋。」

他用一種不可思議的眼神看著她，「你們不明白嗎，擁抱才可以讓人更加親近。」他於是去擁抱她。像一隻熊抱著一隻貓。她做了兩次深呼吸，心裡就變得很溫柔。

J在那一刻突然明白了擁抱的含義。

他又跟她説：「我只見過我爸爸一次，」20多歲的艾瑞克總是滔滔不絕，「東方人肯定覺得這很不可思議，可事實就是這樣的。妳知道，在歐洲這樣的事情太常見了。」

「可是在我們的國家，父母有義務一起照顧自己的孩子。」J回道，他不再説話了。

他看著她，燈光灑下來，他的臉稜角分明，深陷的眼窩在光的作用下讓他變得更加帥氣了。「我喜歡妳，我可以吻妳嗎？」艾瑞克説，直視著J的雙眼。

她不愛他。但她不能說。這樣溫柔的夜，這樣溫柔的心。

他再次將她抱住，像大袋鼠裝著小袋鼠。

後來，她又在IG上看到他了，他去了馬德里、巴賽隆納、里斯本……每張照片都很有個性。他在艾菲爾鐵塔下，手插褲袋，風捲起他栗色的頭髮，他凝視著遠方，好像整個世界都與他無關。他接待來自世界各地的旅行者，又去世界的各個角落探索。

J也好，艾瑞克也好，都馬不停蹄地走在各自的生活軌道上。J最後一次跟我聊起艾瑞克是在一年前。

有一天，J給艾瑞克IG上的照片按讚，突然收到他發來的訊息：「我的小女孩，請到我的城市來教我做餛飩吧。」

當然啦，後來J通過了艾瑞克所在城市大學的入學考試，她如願以償地跟艾瑞克生活在同一個城市了。

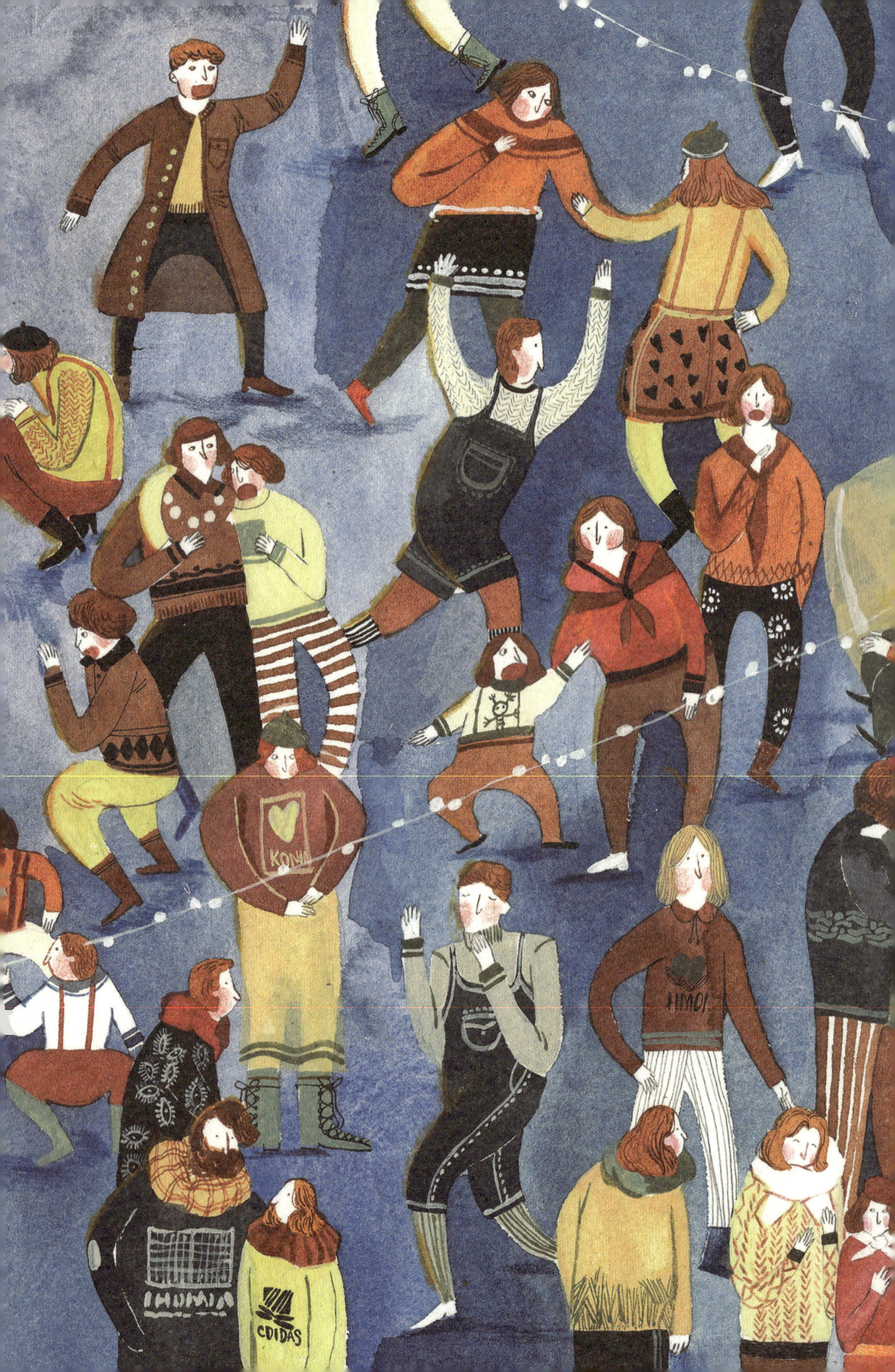
KONA
HMOI
CDIDAS

這是一個盛行告白的時代，就讓愛在這個時代裡自由生長吧！

## 飛蛾撲火

我們總是把所有的相識歸結於緣分。

跟卡布里認識便是來自這樣的緣分。那年夏天我在南部旅行，突然在海邊迷了路。我也不著急，見到一個棕褐色頭髮、高鼻樑的路人，就把他攔了下來。那年輕人忽然用顛倒語序的中文給我指路。故事就這樣開始了。

卡布里在南方某大學中文系學習中文，見到我這樣一個純正的中國人，自然不肯放我走，説一定要跟我練練口語。看他誠心誠意，又拿美食美景誘惑我，便答應在他家小住一週，後來他又跟我去「鞋跟」處（義大利地圖為靴子樣）轉了一圈。

他學中文不久，講的中文實在蹩腳，總是問我為什麼漢語裡面讀音一樣的詞，意義卻大不相同，比如「餓」和「鵝」，糾結了一週仍要問我：「我可以説『我很鵝』嗎？」

我後來沒耐心了，直接搬出《詠鵝》這首詩叫他唸。他唸著唸著好像感受到了我的煩躁，於是又很溫柔地問：「妳是不是生氣了？」

每當這個時候，我心裡面就又變得柔軟，於是又耐下心來。

有一次，他抓著自己頭上幾根毛説：「我要去『砍』頭髮。」

「看頭髮？看什麼頭髮？」我滿臉疑惑地看他。

「I mean I want to cut my hair.」（我的意思是我要去剪頭髮。）

「噢，」我恍然大悟，「剪頭髮。我們説『砍』的時候一般只用大刀。」

他忽然就懂我的意思了，舉起自己的右手比成一把刀，狠狠往自己的脖頸上揮去。「我做得對嗎？」他問我的時候帶著點憨氣，像極了豆豆先生。

我被這個大男孩的舉動逗得歡笑，心頭一陣悸動，我可能是喜歡上這個男孩子了。

暑假過完了，我們都要回去上課，他在南方上學，而我在遙遠的北方。那天臨走的時候他突然問我：「妳喜歡什麼樣的男生？」

我突然説不出話來。

「我……喜歡有趣的男生，然後……我脾氣不好，所以要對我很有耐心。」

「我很有耐心的。」他立馬搶了我的話。

我心裡面那片柔軟的地方開滿鮮花。

「我知道你很有耐心。可是不知道我們還能不能再見面。」我緊緊抱住他,這個擁抱的意義不一樣,「我呀,還挺喜歡你。」

火車到站。人只有在離別的時候才能體會到戀戀不捨,還有,心中的隱隱作痛。

新學期開始大家各自忙碌起來。我們在網路上常常聯絡。我在寫作業時，腦海裡會突然蹦出這個大男孩來，思緒被攪得一塌糊塗。

他的大鬍子長出來了，長滿整張臉。有一次他用手機拍了張照片發過來，問我：「我是有鬍子好看還是沒鬍子好看？」我端詳著手機螢幕裡的這張臉，稜角分明，藍色眼睛寶石般鑲在上面，像極了快樂王子，怎樣都好看。

他常常說「我很想妳」之類的話，我也常常想去擁抱他、親吻他，和他肩並肩沐浴在陽光裡。飛蛾撲火時的衝動，是奮不顧身的。可我願意做那隻被愛衝昏頭的飛蛾。

我每天都在等，盼望著假期快快到來，早日見到這個大男孩。

他每天都發訊息給我，一些自拍自演的搞笑影片，或者是一些中文語法問題。分明就是藉著亂七八糟的事情想跟我講話。

有一天他突然說：「我想去妳的城市。」我愣了一會兒，突然興奮起來。

他蹺了好幾天課，隔天晚上就坐了12個小時的大巴來到我的城市。他比我衝動。

他見著我便開始憨憨地傻笑起來，然後捧起我的臉亂親一陣。

我們一起做飯。電視機裡在講個不停。

「卡布里，請把電視機的聲音調低一點，我沒有辦法聽你講話了。」

他抓起遙控器直接按下了關機鍵。

「今晚我要跟一位非常漂亮的女士共進晚餐，我不想讓電視機打擾我們。」說著，雙手從我背後環繞過來。

心裡好像吃了一塊蜜糖，忽然我手忙腳亂起來，竟有些不知所措。

「你再油腔滑調,這頓飯就做不成了。」他這才乖乖削馬鈴薯去了。

我喜歡你,比你喜歡我還要喜歡你。

他唱中國國歌給我聽,唱得比我唱的好聽;他做義大利麵給我吃,做得比我做的好吃;他把肩膀借給我靠,捶胸說這是一片庇佑我的天堂。

後來的歲月裡,每每想起這樣純粹的戀愛,都會感嘆青春的美好。

瑪格麗特花園，以瑪格麗特女王命名，1879年舉行了盛大的開幕式，後來成為各種工業、農業會展中心和世界美術的展覽場所。現在是人們娛樂郊遊散心的主要公園之一。

　　他問我，活了這二十餘年，有沒有什麼刻骨銘心的事情。

　　「比如說，第一次撞見愛情。」我說，「一年前我遇見了一位貌美的先生，馬上就墜入愛河。我不計回報地付出，最後他卻把我對他的愛磨光了。」

　　「他就像我心裡的一朵雲，開心的時候雲朵變大，難過的時候就化雨落下，一不小心，最後一點雲也變成了雨。所以他現在，已經消失了。」

　　我注視著眼前的大男孩，他頭頂著一片燦爛星空。

　　「你真好看。」我說。

他撓撓頭,說:「三年前,我第一次跟女生正式交往。我很喜歡她,可是一個月以後她就愛上了別人。她說她要跟我分手,我只能答應她。我總是很尊重她的選擇。事實上,我一個人哭了很久。」

他從手機裡翻出一張照片給我看。是一個小小的許願瓶,裡面裝著一縷頭髮。

「這是我從她頭上剪的。雖然過去三年了,但我們確實有過一段很快樂的日子,我不想忘掉過去,雖然她傷害過我。」

他純澈的眸子裡透著溫柔。

「對不起,我不該這樣跟妳講。可是我想對妳坦白。」

我緊緊抱住這個大男孩。

這樣善良的大男孩,我珍惜還來不及,又怎麼會怪他。

晚風輕輕拂過,樹葉沙沙作響,影子慢慢地往前走。生命裡遇見那麼多的人,每一個,都彌足珍貴。

人生裡遇到的每個人,出場順序很重要,很多人如果換一個時間認識,結局就不同了。


「我說萬一以後⋯⋯萬一我們⋯⋯」

「我不要以後,也沒有如果,現在我們快樂地在一起,其他,不要提。」

飛蛾撲火時,是萬萬顧及不到結局的。

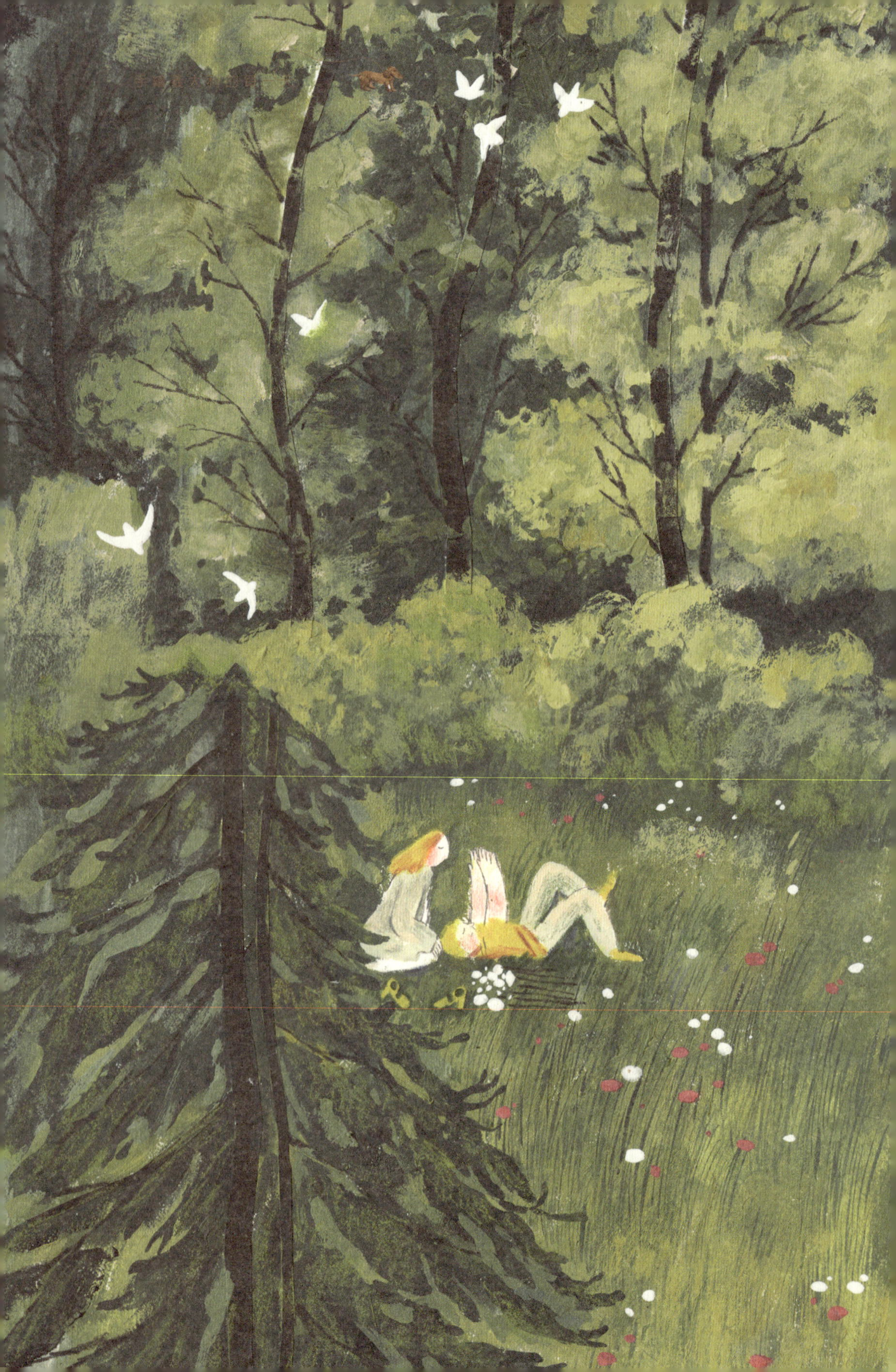

# 歐洲走馬看花

168　手繪義大利的每一天

# 吃在義大利

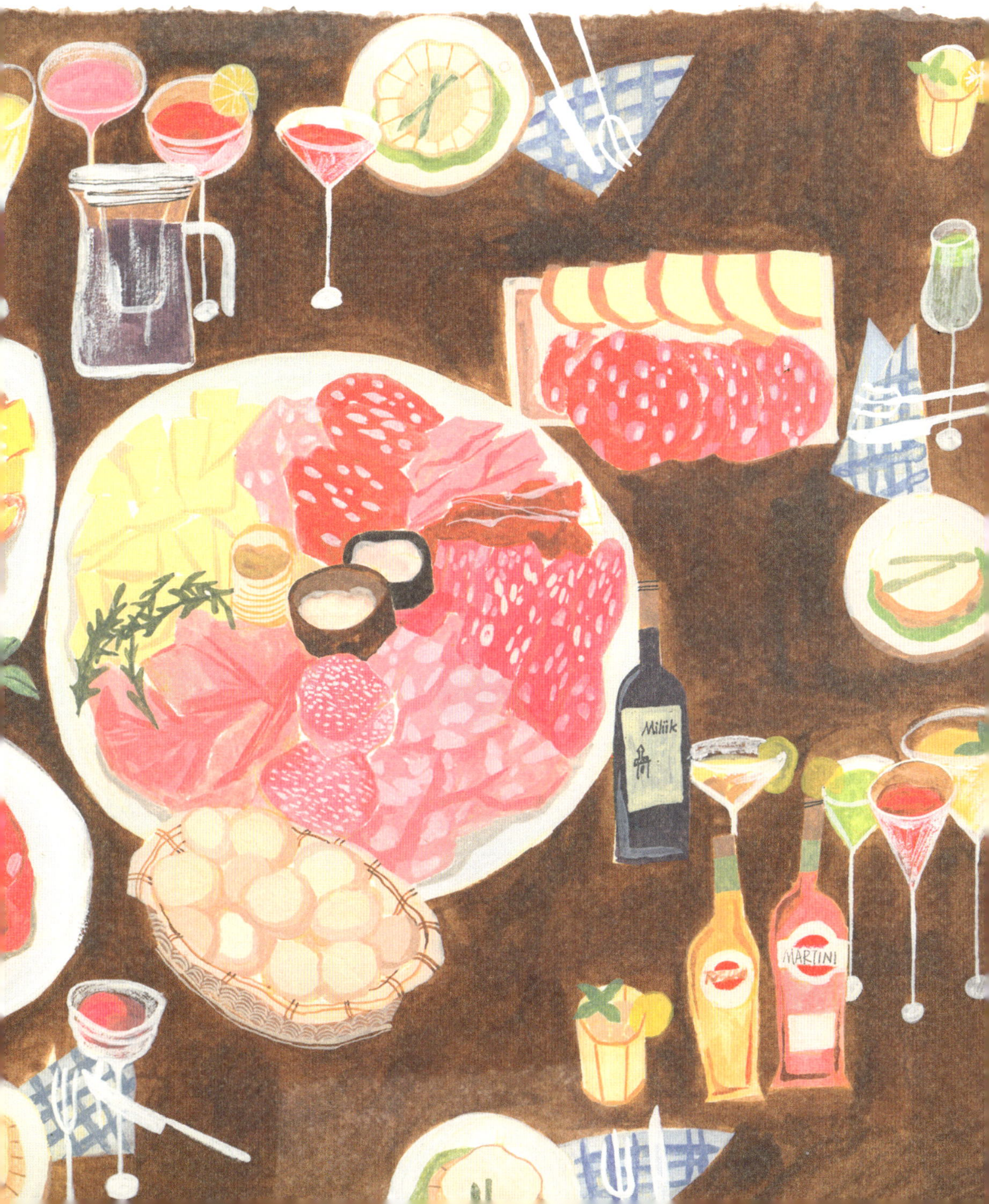
Miliik
MARTINI

02/08/2018 A CASA XU FU
VACCINA €10.90 AL KG
BUFALINA 3.90 AL KG
CAPRINA €12.90 AL KG
PARMIGIANO
CARNE
9.60
€12.90 AL
MUSSE AL
€16.90 AL KG
SALSICCIA €7.90 AL KG
€14.50 AL KG
OFFERTA €8.90
LOMBO
PANCETTA

# 乳酪大作戰

義大利的乳酪多種多樣,大家最熟悉的莫過於帕馬森乾酪,那是從義大利走向全世界的起士之王。

乳酪的種類可以按放置時間區分。新鮮的乳酪細膩,可以抹麵包吃,也可以直接切成片當成冷盤,撒些鹽粒,淋點橄欖油就可以吃了,簡單又方便。

放了一週的乳酪就有些硬了,可以用刨刀磨成粉末直接撒在義大利麵上。時間越長,乳酪就越硬。一輪成熟的帕馬森乾酪在40公斤左右,熟化時間約1~3年,表面無比堅硬。

乳酪的形狀也多種多樣。長的、方的、球形的、辮子樣的,又或者像灌了水的氣球。

有位製造乾酪的大叔說:「我們是懷著熱情的,不光是為了幾個錢,這樣不成。」於是義大利就做出了世界一流的乾乳酪。這就是義大利人對食物的執著。

# 舉世聞名的冰淇淋

我在巴黎旅遊的時候,遇見一個導遊帶團遊覽一家冰淇淋店。他說:「這家店有巴黎最好吃的冰淇淋。」我抬頭一看,這家冰淇淋店門牌上,用義大利語寫著:gelato italiano(義大利冰淇淋)。心裡一想,義大利冰淇淋,當然世界無敵啊。

說起義大利的冰淇淋,又可以談很多了。畢竟義大利的手工冰淇淋擁有悠久的歷史,甚至有專書對其進行研究。若想要追溯冰淇淋的祖先,那還真有點麻煩。

有一種說法可以追溯到《聖經》,以撒向亞伯拉罕提供了一種山羊奶混合著雪的東西,第一次將「吃和喝」結合在一起,由此可將其看成冰淇淋的起源之一。

還有一種說法要追溯到古羅馬時期。古羅馬人將他們一種典型的冷食甜點(Macedonie)儲藏到山洞裡,用雪包裹起來,到了夏天,他們把它帶到城市裡販售。於是,這種摻雜著蜂蜜香氣和冰雪的冷食甜點就流傳開來了。

但是要講到口味與今天市場上最像的冰淇淋,我們可以直接跳到西元500年的佛羅倫斯,建築師貝爾納首先想出了用牛奶、奶油和雞蛋來作為冰淇淋的材料,與現在義大利冰淇淋店裡販賣的冰淇淋口味極為相像。

18世紀末,義大利人菲力浦在美國開了第一家冰淇淋店,並且引起轟動。為了滿足顧客多樣化又挑剔的口味,世界上第一座冰淇淋製造機誕生了。

在波隆那,還有一座冰淇淋博物館,博物館旁邊還有一家「卡比詹尼冰淇淋大學」,裡面專門教授製作冰淇淋的手工工藝,致力於培育成功的冰淇淋師。

義大利人對冰淇淋還有一個專門的暱稱——「leccornia」，即「量少而唯美的食物」。我早就說過，義大利人對食物是十分考究的。

他們的手工冰淇淋大概可以分為兩類，水果味和奶油味。水果味一般混雜著冰霜，爽口而果味濃重，奶油味多半香甜膩口。而我偏是那種愛巧克力和奶油愛到瘋的人，所以每次都會衝著巧克力味或者杏仁味去，這個時候已經無法再考慮節食減肥這件事了。冰淇淋的大小，也分為大中小三個尺寸，小的平均2.5歐元，可以選兩種口味；大的一般是三種口味，量多、巨大，但對我來說仍然能輕輕鬆鬆解決。

為了吸引顧客，有些冰淇淋店還會貼出一些花式標語，比如：請選擇一種讓你幸福的味道。當人們選擇自己最愛的口味時，他們選擇的其實是一種專屬於自己的幸福感。

當味蕾與冰淇淋的奶味相碰撞的時候，快樂就昇華了。這就是義大利人的生活哲學，幸福，舉手可得。

# 咖啡時光

咖啡對於義大利人來說就是生命，他們喝咖啡的頻率非常高。早晨從卡布奇諾開始。卡布奇諾即是「牛奶混合義式濃縮咖啡」，可以飽肚，所以常常搭配可頌一起吃。午餐和晚餐之後，他們就會喝義式濃縮咖啡。一小杯，站著喝，邊喝邊聊。

課間休息時間，教授們不會說「下課」，而用「coffe time」這個美好的詞來替代。於是，每到下課時間，自動販賣機那裡就聚滿了人。

這裡的咖啡都不貴，一杯濃縮咖啡大概在1歐元左右。當然這是站著喝的價格，如果你想坐下來喝，收費立馬就會變成4歐元起跳。所以你常常會看見在酒吧的吧台邊，站滿了喝咖啡的男女老少。

如果打開地圖，會發現在全義大利任何地方都找不到一家星巴克。

這裡也沒有肯德基，麥當勞在許多小鎮關門大吉，美式速食文化沒有市場。因為他們認為「手工製作」才能保證品質，這是義大利人的「迂腐」，也是他們對生活品質的最大尊重。他們有獨一無二的咖啡文化。

曾經我聽到過一種說法，想要在義大利開一家星巴克，就相當於一個美國人在成都開了一家川菜連鎖速食店，還是用微波加熱的那種。對他們來說，種類繁多的花式咖啡都是飲料，只有Espresso才是真正的咖啡，而星巴克的美式咖啡，就像「一杯沒有味道的髒水」。

因為他們的初心，是手工製造的「工匠精神」。原汁原味，才是生活的品質。

義大利麵最大的特點就是種類繁多。多到我沒有辦法翻譯,以及記住它們的名字,但卻記得它們的形狀。大概是這樣:

- pipe rigate 彎管麵
- gnocchi 麵疙瘩
- pappardelle 寬麵
- paglia e fieno 雙色麵
- pipe doppia rigature 雙波紋彎管麵
- ziti 直管麵
- fiocco 蝴蝶結麵
- calamarata 墨魚圈麵(戒指麵)
- campanelle 風鈴花麵
- cellentani 捲捲麵
- farfalle 蝴蝶麵
- mezzi bombardoni rigati 斜管粗麵
- anellini alla pecorara 圈圈麵
- fusilli 螺旋麵
- rigatoni 水管麵
- rotini 螺絲麵
- conchiglie 小貝殼麵
- fagottini 小包裹餛飩
- penne 斜管麵
- tagliatelle 鳥巢麵
- capellini (angel hair) 天使細麵
- bucatini 吸管麵
- zitoni 大吸管麵
- spaghetti 細直麵

這款是我們最常吃的義大利麵

義大利麵的起源也是眾說紛紜。有人說是由馬可波羅帶回義大利後傳到整個歐洲。

也有人說，是當年羅馬帝國為了解決人口多、糧食不易保存的難題，想出了把麵粉揉成團、擀成薄餅再切條曬乾的妙計，從而發明了義大利麵。

其實，最早的義大利麵大約成形於13～14世紀，與21世紀我們所吃的義大利麵十分相似。到文藝復興時期後，義大利麵的種類和醬汁也逐漸豐富起來。

千層麵，波隆那千層麵就十分好吃。一層層麵皮疊上去，中間的肉醬一層層溢出來，連帶著乳酪的香氣。

通心麵拌橄欖，再加橄欖油，簡單爽口又不失美味。

通心粉拌番茄醬，上面需撒起士粉。總之都是有乳酪的香氣。

番茄的傳入真是革命性的進步。從此以後，義大利麵也常常伴著番茄醬一起出現。

## 披薩的起源

　　關於披薩的起源莫衷一是，在義大利比較公認的一種說法要追溯到新石器時代。人們為了使麵包更具風味，便在麵包上加了各種不同成分的調味料和配料，這是披薩最初的模樣。後來，薩丁島居民發現了用酵母製造烤麵包使其更加鬆軟的方法。再後來古希臘人開始製作扁平麵包，並使用各種香料，包括大蒜和洋蔥調味。幾經周轉，波斯國王大流士大帝（西元前521年—西元前486年）開始使用盾牌來烘烤這種扁平的麵包，並用乳酪和椰棗填充作為餡料，於是披薩的雛形由此形成了。

# 披薩的革命

番茄在披薩上的使用被認為是一種披薩的革命。在16世紀，番茄由美國傳入歐洲，但歐洲人認為這是一種有毒植物而不敢嘗試。而在那不勒斯某些貧困地方，人們開始嘗試這種「有毒的」番茄，並將之放進了披薩的烹製之中。很快的，這個披薩就成了一道旅遊餐，遊客們紛紛冒險來嘗試這道特色料理。那不勒斯也因而成為賣義大利披薩最有名的城市。

番茄的使用確實是革命性的，因為我自己在義大利餐館吃飯的時候，不管是點披薩還是義大利麵，總有一種「他們的番茄可能都不要錢」的錯覺。

# 「瑪格麗特」披薩

　　1889年，為了對義大利女王瑪格麗特表示崇高的敬仰，廚師拉斐爾・埃斯波西托（Raffaele Esposito）發明了一種披薩，即用番茄、乳酪、羅勒作為主要材料（分別為紅色、白色和綠色，也就是義大利國旗的顏色），並以女王的名字將其命名為「瑪格麗特」。後來這種披薩廣為流傳，現在也是義大利人最常點的披薩之一，它最大的特點是價廉物美。

## 甜蜜在我心

　　義大利的巧克力跟義大利人一樣，也是「風情萬種」。我想推薦的巧克力有兩款，一款是Venchi家的，Venchi是義大利的頂級巧克力品牌。

　　西爾維亞諾・聞綺（Silviano Venchi）在16歲的時候就開始了他的甜點師生涯。20歲時，他用積蓄買了兩個青銅坩堝，並在他的公寓裡開始做烹飪實驗。1878年，他在杜林的藝術路開設了自己的工作室。到了20世紀初，他首先創造出用切碎和焦糖化的榛果製成的糖果，外面覆蓋著黑巧克力。

　　另外一種好吃的巧克力叫作「吻（Baci）」，名字也非常符合義大利人的氣質。這款巧克力起源於一場意外。當時巧克力工匠路易莎正在給巧克力製作好看的模型，餘料被隨手一扔，形成了一個中間突起、兩邊向下的東西，當時店裡的人稱之為「小雞雞」。

　　後來，路易莎的愛人喬瓦尼覺得這個名字不太優雅，就把它改名為「吻」。這種作法確實也符合義大利人的浪漫特質。

　　現在每一顆這種巧克力裡面，都裝著一張用不同語言寫的愛情宣言。簡而言之，這是一顆非常甜蜜的巧克力。

# 開胃酒

　　下課或下班之後,到酒吧喝杯開胃酒是當地人的一種習慣。義大利人喜歡聊天,也喜歡舉著啤酒杯或者高腳杯邊聊邊喝。他們講起話來滔滔不絕,因此開胃酒成了陪伴這些又慢又長談話的夥伴。他們酒類的品種也是成百上千。

就讓我們舉起酒杯,歡樂地跳舞吧。

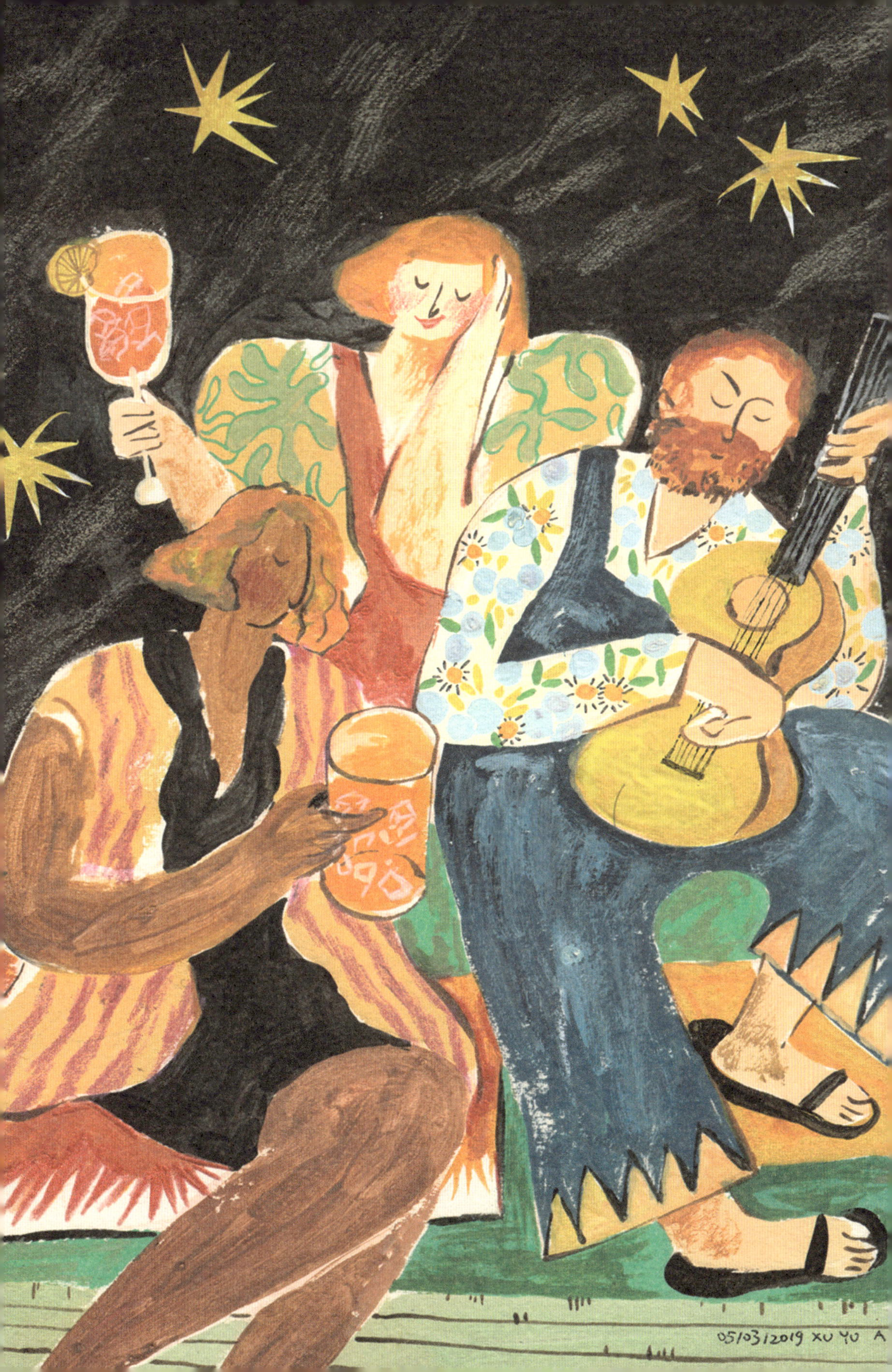
05/03/2019 XU YU A

## 巴黎簽到記

我對巴黎的最初印象來自讓‧雅克‧桑貝的《一點巴黎》。

桑貝筆下的巴黎，淡淡的水墨，鬆鬆垮垮的線條，帶了一點兒慵懶、一點兒幽默和一點兒忍俊不禁。

我到巴黎，純粹是偶然。

我住在義大利，去年11月的時候去警察局按了手印，局裡的人告訴我，三個月後我便可以拿到居留證——那張歐洲通行證。這一等，等了6個月。還好我早已習慣義大利人的辦事效率。

我性子裡是個衝動的人，不愛等，也等不及。拿到居留證的當晚，便訂了去巴黎的機票。現在的手機網路真是快，快到讓人沒有反悔的機會。手指紋按下去，錢就收不回來了。於是，說走就走的旅行，在網路快捷的發展趨勢下變成了家常便飯。

## 初來乍到

「我的朋友們都說巴黎是個危險的城市，有很多小偷、騙子，是真的嗎？」我一邊想起出發前朋友們對我的千叮嚀萬囑咐，一邊問坐在我旁邊的法國人。這是我在義大利學到的本事，無論何時何地都可以自由跟陌生人講話。

這個法國人金髮碧眼，水藍色的眸子轉了一轉，然後看著我說：「那他們有沒有來過呢？」他搖頭笑了笑。

我實在不該跟一個法國人開門見山地這樣講。我突然意識到自己的失禮。他似乎察覺到了我的尷尬，故意轉開話題，問我是否訂好飯店。

我告訴他我的住宿地址，又問他該怎麼去。因為我仍然對剛剛的事情感到抱歉，便想讓話題一直進行下去。

他會講一點義大利語，但是非常生疏，我聽得恍惚，他又偶爾加一點英文，或又不自覺地冒出幾個法語單詞來。聽著聽著，我就在雲霧裡盤旋了。

　　他似乎知道我沒有理解，索性說下了飛機以後親自帶我去買票。

　　後來，他果真就帶我去買票了。我連連跟他說謝謝。他卻一直在跟我強調去旅店的走法，幾號線下車，下車以後換幾路等，像是在囑咐只有短暫記憶的小孩。

　　後來我走了，他又追上來。

　　「請記得，巴黎不是一個危險的城市，但是請妳晚上不要在外面逗留得太晚。」突然心裡湧出一種感動，我的旅程又再次開始了。

> 請關閉閃光燈。

> 哦，我覺得我需要找一個經紀人！

> 按照每次10歐元的拍照收費標準，我覺得幾年以後我就可以買下整個佛羅倫斯……

閱讀成為一種時尚

巴黎人優雅。

　　巴黎人那種天生的優雅氣質，是在舉手投足之間體現出來的。你常常可以看見擦了口紅的老太太牽著她的小臘腸狗，優雅地坐在公園的長板凳上，或是在地鐵裡埋頭看著書的女士。事實上，走在巴黎的大街小巷，都可以看到形形色色的人在閱讀，這好像是一件自然而然的事。因而巴黎的書店也常常別具一格。比如說，巴黎聖母院附近的「莎士比亞書店」。你可以在這個書店裡面找到法國人、英國人、中國人、美國人，因為它享譽世界，也總有人坐在書店的一角靜靜看書。

我在莎士比亞書店偶然翻到一個繪本，講的是一隻名叫巴爾薩澤的熊，關於迷失和不斷尋找的故事，故事裡說：

「家一定在這附近，就在某個地方。他想。」

「但是『某個地方』是一個很大的地方。」

「有時，巴爾薩澤感到前所未有的失落孤獨。」

「有時，日子又十分快活。」

突然又觸到我心裡的某根弦。當我越長越大，這些看起來很簡單的句子，總是可以變得很深刻。這幾年走來走去，始終也不知道最後會停在哪裡。不過我從來不害怕，因為我知道，以後的我會找到答案。就像故事最後，巴爾薩澤找到了他的祖父一樣。我們要有不斷探尋的能力，也要堅信故事的最後，一定是一個快樂的結局。

## 清潔工老太太

義大利人的英語差,法國人也是。好像他們對自己民族的語言都極其熱愛,這種熱愛深入骨髓。

比如這位我在地鐵站碰見的清潔工阿姨。

「Excuse me, you know how can I get to this place?」(請問您知道我該怎麼去到這個地方嗎?)我指著地圖上的凡爾賽宮問她。她張嘴就開始用法語說起來,我懵得徹頭徹尾。於是趕緊跟她說我知道路了,說完謝謝準備要走,她卻拉住了我的手臂。她仍然在用法語跟我解釋,這一次,她加上了肢體語言。她指指自己,指指地鐵,又指指這個車站,我實在是猜不透她到底要告訴我什麼。我倆大眼瞪小眼。她大概一百五十公分高的個子,頭髮微捲,皮膚白,笑起來的時候眼角帶出很多皺紋來。然而唇上玫紅色的口紅依然襯著她的美麗。她手裡還拖著一個大行李箱,裡面裝滿清潔用具。

她忽然又攔住旁邊一位等地鐵的女士,跟她說了幾句以後,那位陌生女士又來和我說話。我恍然大悟,原來清潔工老太太是去尋找外援了。

「she says...」(她說)女士思考了一下,「one friend comes here and wait...」(有一個朋友要過來,請妳等一下)原來這位女士也不是很會講英語。

女士講完的時候,老太太非常高興。我終於明白了老太太的意思。

「You have a friend coming here, and she will also go this place and now I should just wait here, with you, right?」(您有一個朋友要過來,她也要去這個地方,所以現在我應該在這裡,跟著您,一起等,對嗎?)

老太太容光煥發,連連點頭。其實我不確定她到底有沒有聽懂我的意思。有時候我覺得她點頭可能只是因為我說得非常肯定。

但果真,後來我就跟她一起等到了她的朋友。

然後,我便跟這兩個有趣的老太太一起去了凡爾賽宮。

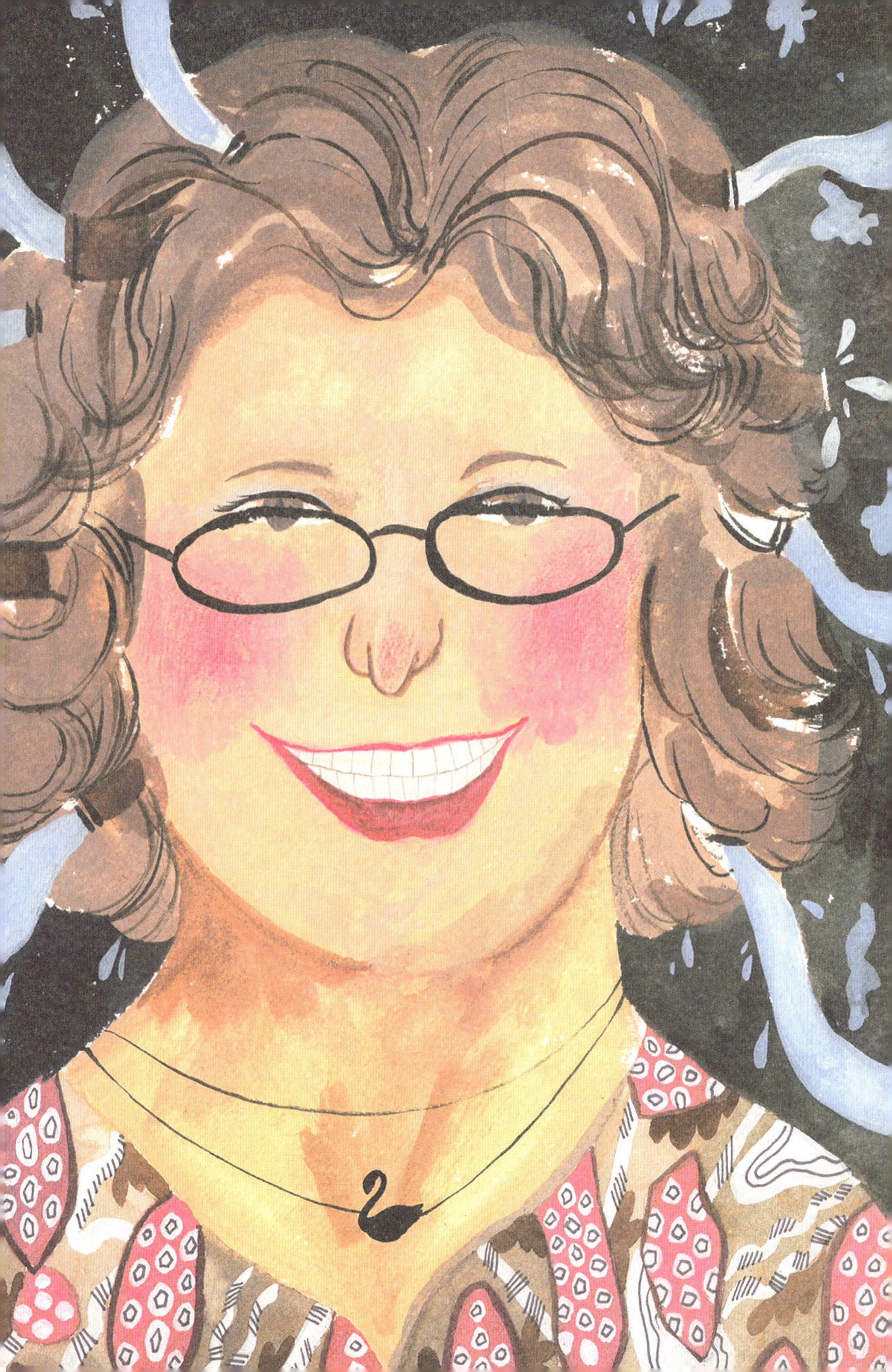

任何我們正在做的事情，食物、繪畫、音樂、寫作，都是一種藝術。這種藝術獨一無二，不管你來自哪裡，也無關你是誰。那些我生命裡遇見的人和事情，也在不知不覺中影響了我。

我感恩這所有遇見的，它成就了我後青春期的浪漫。同時，我也感恩那些年說走就走的勇氣。

勇氣最初的定義，應當是講述「你是誰」的故事。那個真實的自己，開放的自己，怯懦的自己，可以跟別人分享任何狀態的自己；不必擔心工作是否第一，不必擔心獎金，也不必理會他人的意見。當我開始只關注內心的自己，當我跟自己產生聯結，我意識到我正在做一件有意義又特別的事，那是我用勇氣創造出來的世界。

　　這本書獻給我生命裡的那三年，感恩遇見。

巴黎市集的海鮮市場

19/07/2019 Jardin des Tuileries, with David. id.

杜樂麗花園的一天

194　手繪義大利的每一天

在去楓丹白露的旅途中

巴黎街景

枫丹白露的路上，因为坐过了站，决议在 Thomery 下车。结果发现 Thomery 除了植被啥都没有。不过 后来到了枫丹 下车才发现自己对这个字段的翻译还没有对这个荒凉的车站的怨憎恐， 2019/07/16 在枫丹白露的路上。

PARIS 4 FILLES CLES

夏天在比利时

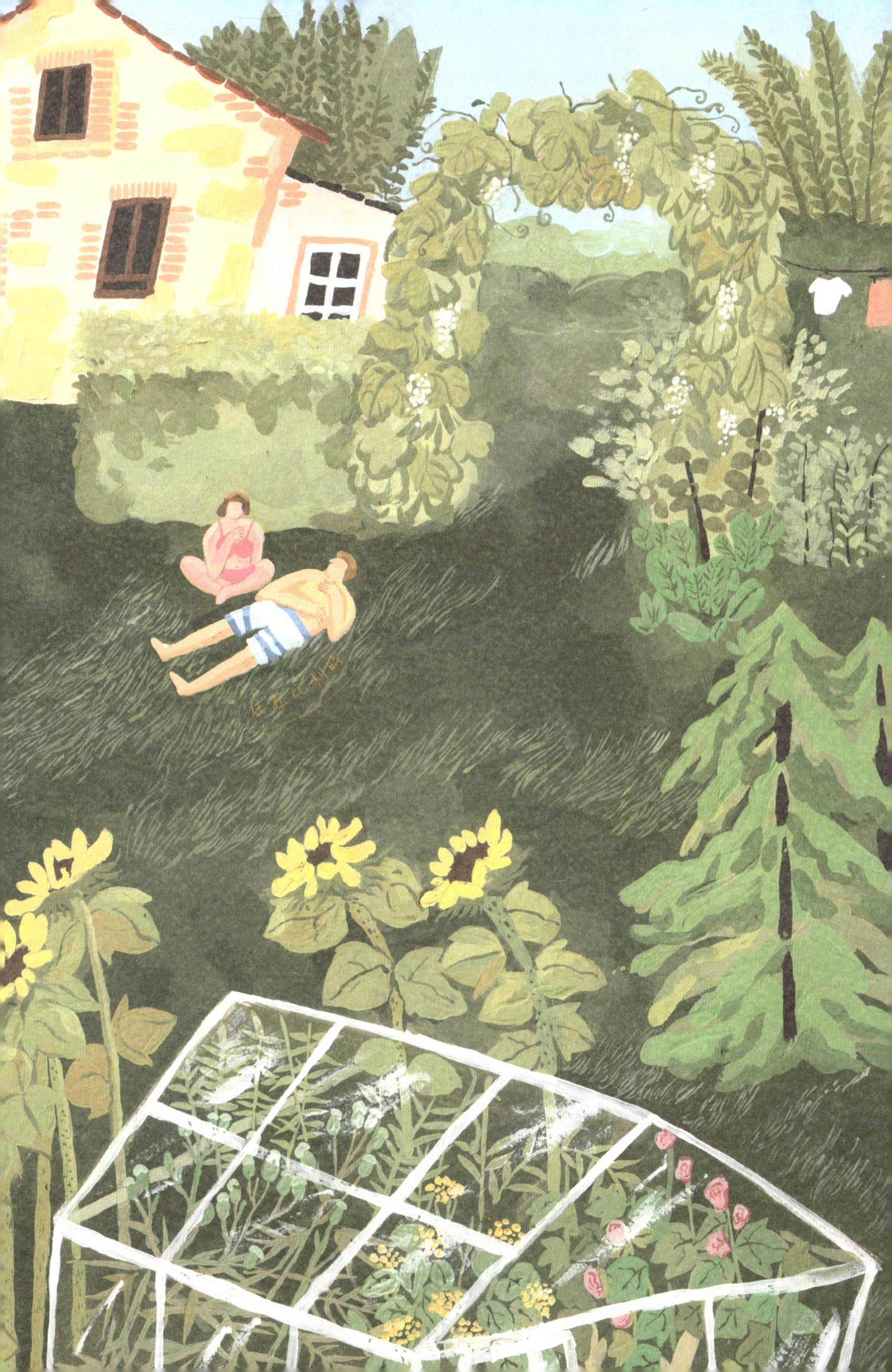

比利時植物園的春日

比利時的秋景

瓦夫蘭榭的夜色

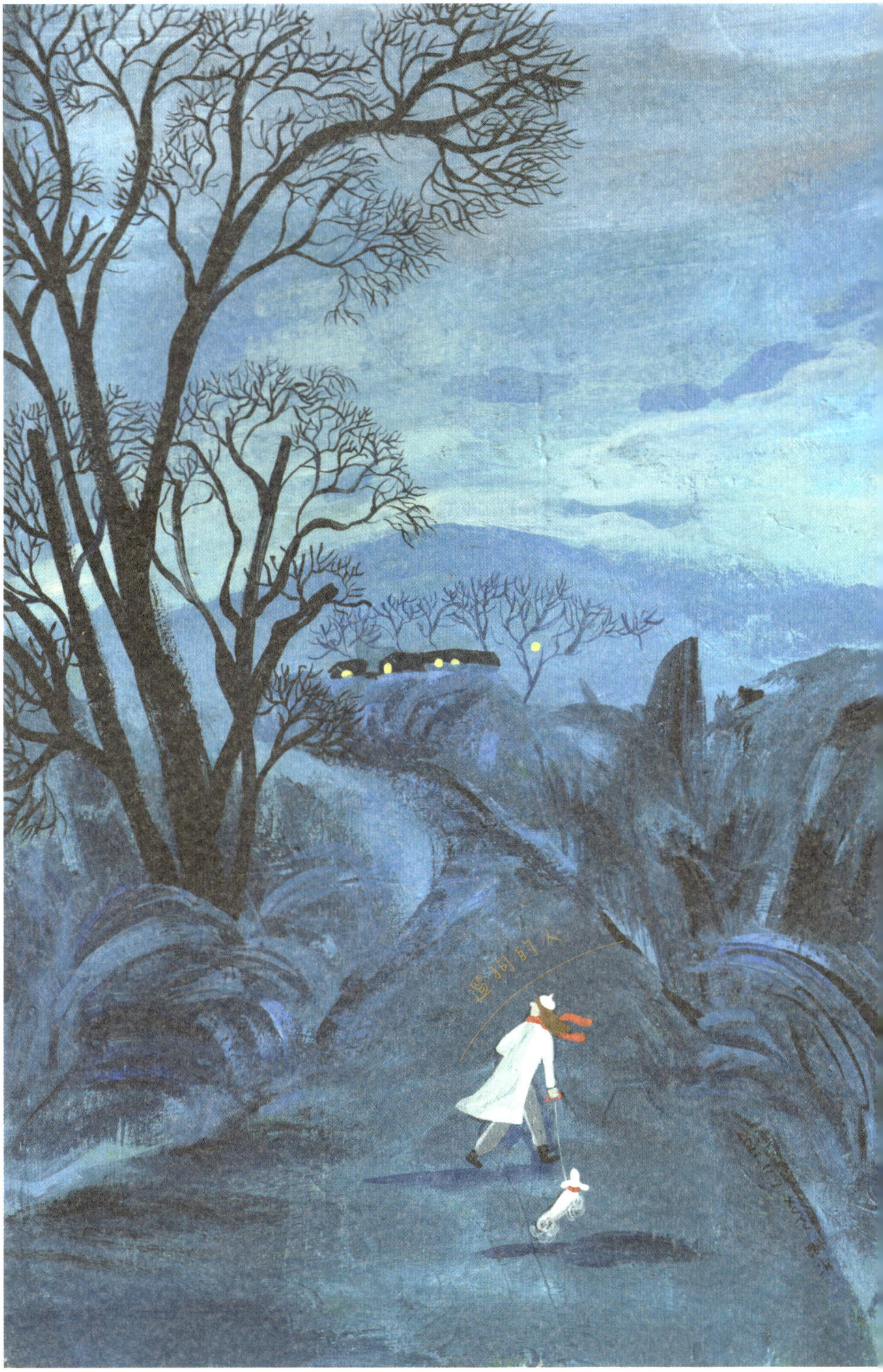

手繪義大利的每一天

和親愛的人沐浴在賽維利亞的陽光下

漫步格拉纳达

ARRANCIA
3.29
CARDI
PELE VERDI
3.20€
清晨
FRUTTI
GARCIOFI
3.49€
FRAGOLE
ARRANCCION
SICILIANI
SISILY
3.29 €
MANDARINI
MANDAREN
€ 3,20
TAROCCO'
€ 250
SICILIANI
3.29€
MANDARINI

比利時的小房子

手繪義大利的每一天

比利時瓦爾夫的春天，花開滿樹

比利時瓦爾夫的夏天，櫻桃結滿樹

208 手繪義大利的每一天

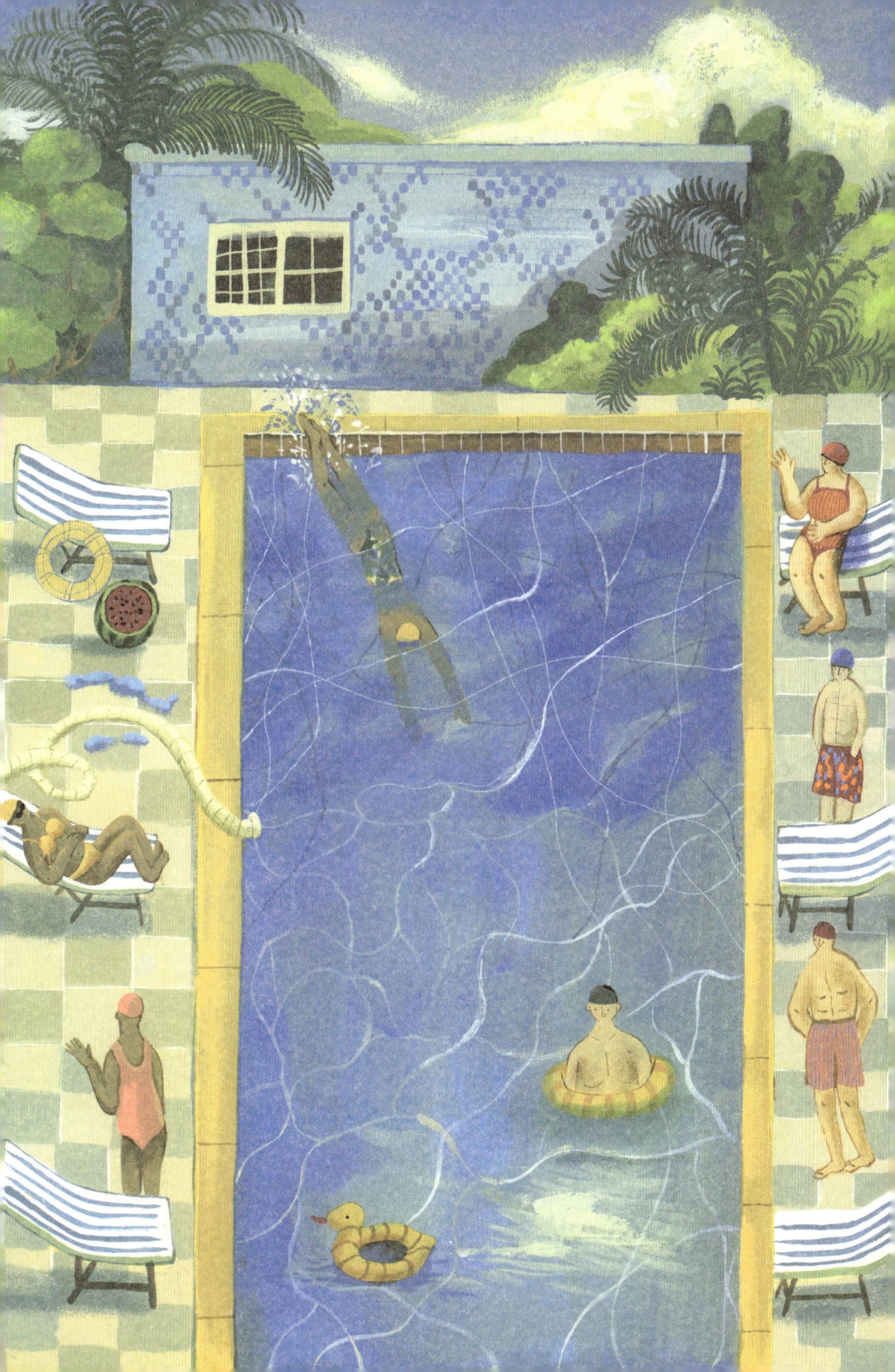

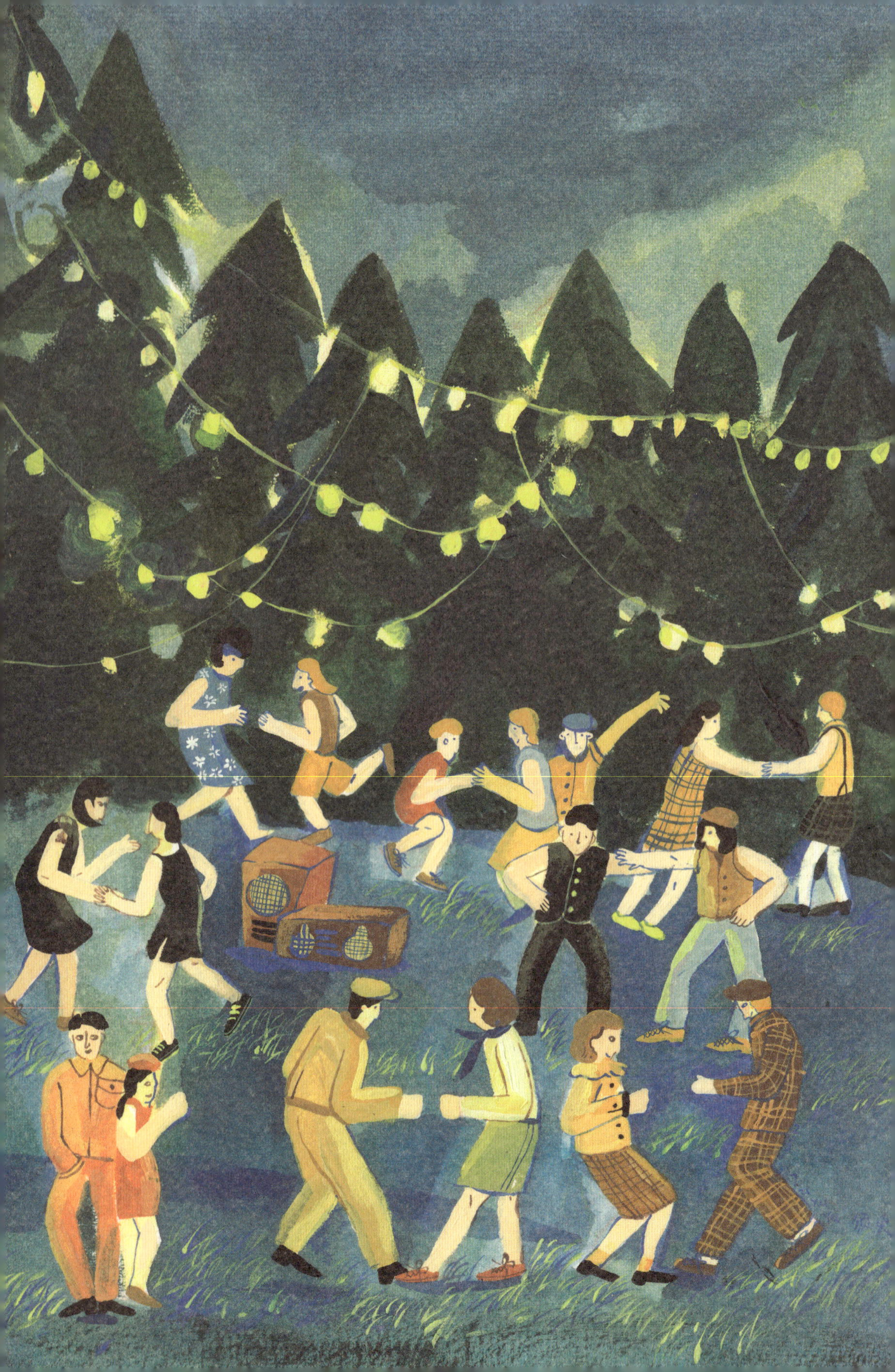

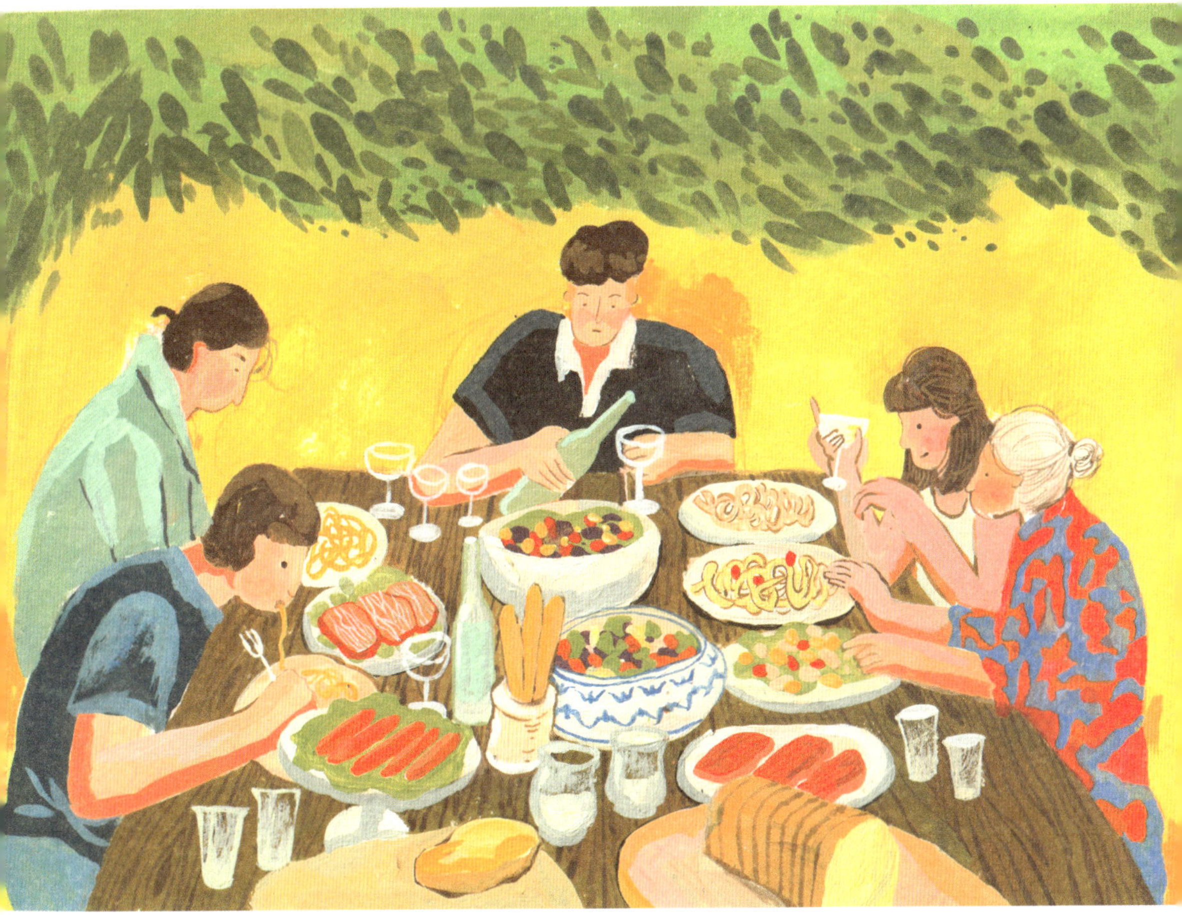

05/08/2019 IN WAVRE/BELGIUM

大门打开，一位爷爷正用情头掀起小情身的头倒
上来。
"我行去5小时，他不能来不来3?!"他还
兴光的中去明星蘑床的。
"可别这里原来民具的大田3。
"有时我对这个房间真的感到很紧。
现在这个房间是5年，我想你到会离
开。
我很想告诉他，很多人类美国这样的
小别墅，在这块你没的野外，绿树成
荫，春5落七，他却想着要搬离到
你永3快样的地方。

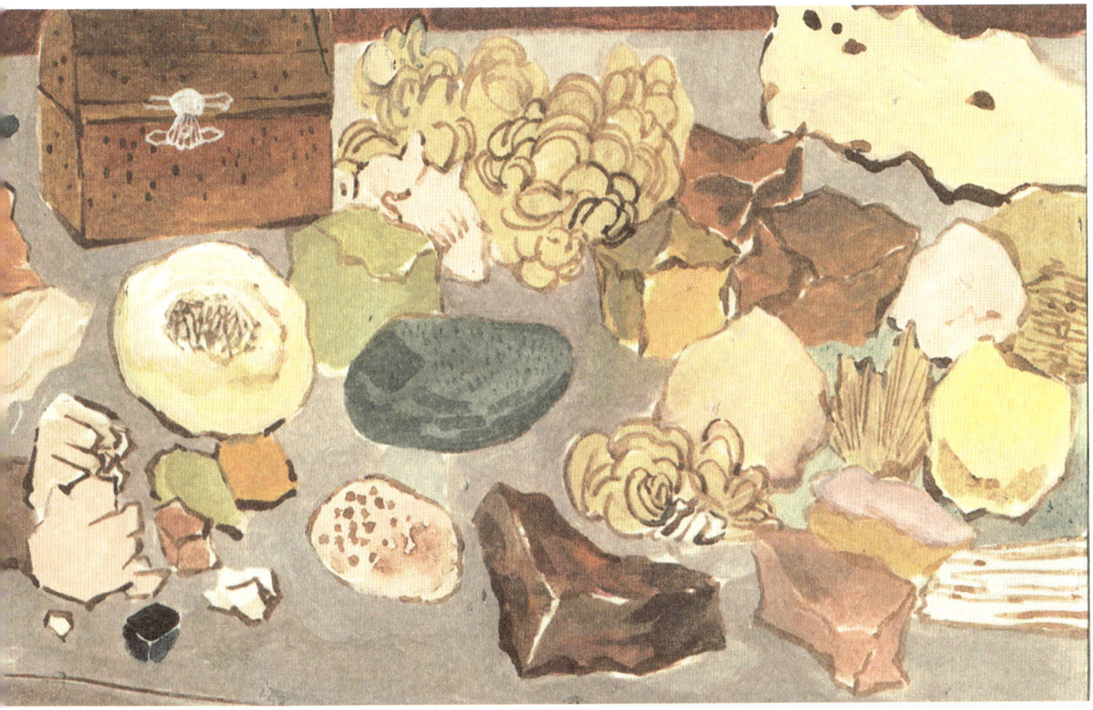

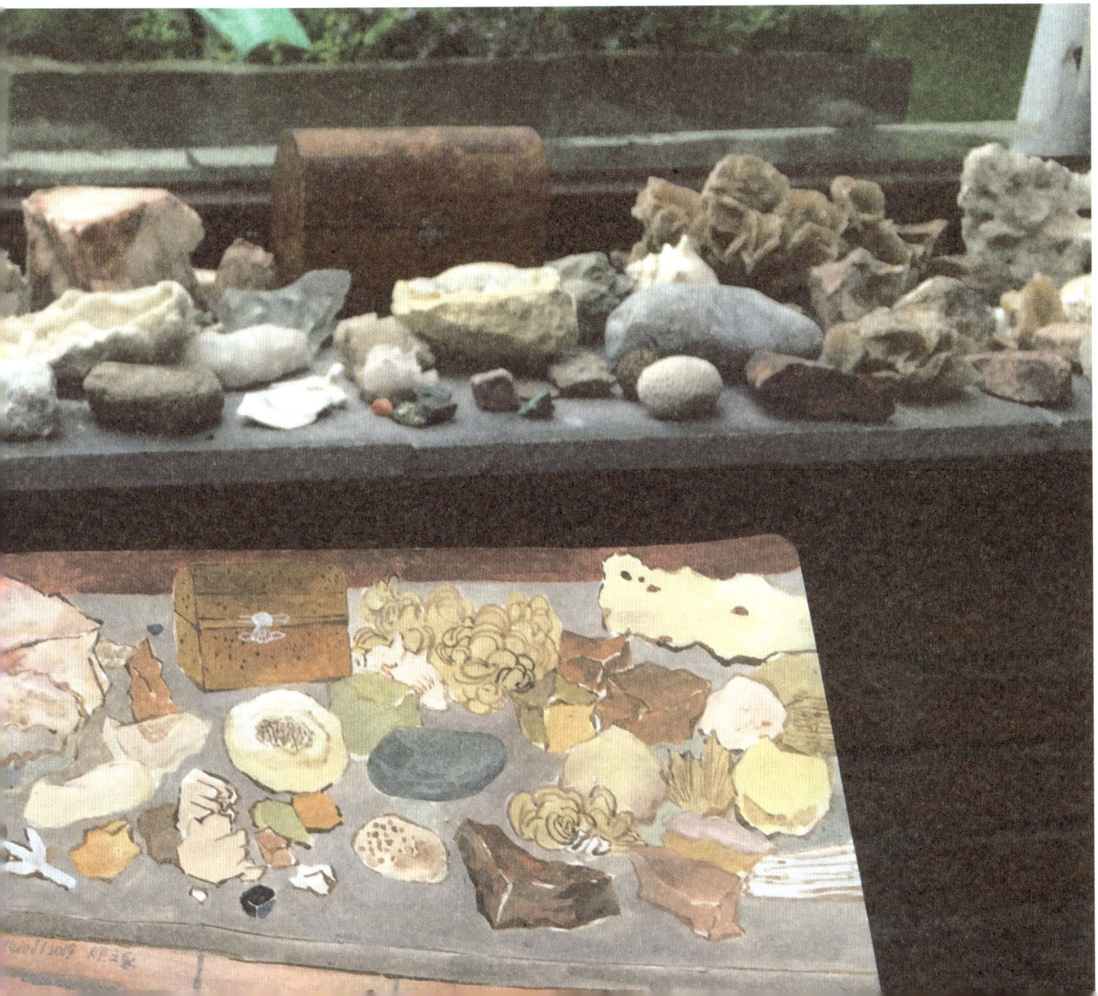

214　手繪義大利的每一天

玩玩走走畫畫

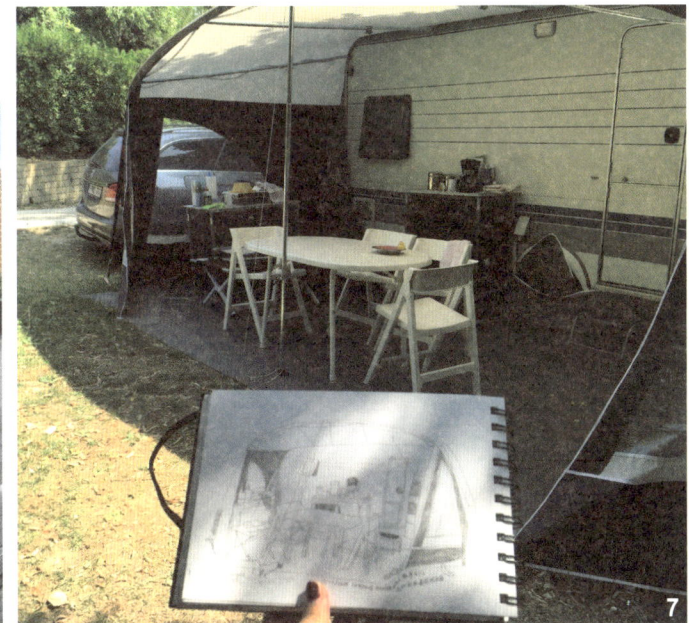

1 阿瑪菲海岸　　　2 巴里的海　　　3 里米尼火車站附近的公園
4 前往阿瑪菲的郵輪　5 荷蘭火車站外面擺攤的姐姐
6 錫耶納火車站　　　7 在西西里露營時的營地

## 台灣廣廈 國際出版集團
### Taiwan Mansion International Group

國家圖書館出版品預行編目（CIP）資料

手繪義大利的每一天：插畫家帶路！走進57個浪漫奔放的義式風景 / 須臾著.
-- 新北市：蘋果屋出版社有限公司, 2025.05
216面 ; 17×24公分
ISBN 978-626-7424-55-1(平裝)

1.CST: 旅遊 2.CST: 插畫 3.CST: 義大利

745.89　　　　　　　　　　　　　　　　　　　　　114003577

## 蘋果屋 APPLE HOUSE

# 手繪義大利的每一天
插畫家帶路！走進57個浪漫奔放的義式風景

| 作　　　者／須臾 | 編輯中心總編輯／蔡沐晨 |
| --- | --- |
|  | 編輯／陳冠蒨・蔡沐晨 |
|  | 封面設計／林珈仔・內頁排版／菩薩蠻數位文化有限公司 |
|  | 製版・印刷・裝訂／東豪・弼聖・秉成 |

行企研發中心總監／陳冠蒨　　　　線上學習中心總監／陳冠蒨
媒體公關組／陳柔彣　　　　　　　企製開發組／張哲剛
綜合業務組／何欣穎

發 　行 　人／江媛珍
法 律 顧 問／第一國際法律事務所 余淑杏律師・北辰著作權事務所 蕭雄淋律師
出　　　版／蘋果屋
發　　　行／台灣廣廈有聲圖書有限公司
　　　　　　地址：新北市235中和區中山路二段359巷7號2樓
　　　　　　電話：（886）2-2225-5777・傳真：（886）2-2225-8052

代理印務・全球總經銷／知遠文化事業有限公司
　　　　　　地址：新北市222深坑區北深路三段155巷25號5樓
　　　　　　電話：（886）2-2664-8800・傳真：（886）2-2664-8801
郵 政 劃 撥／劃撥帳號：18836722
　　　　　　劃撥戶名：知遠文化事業有限公司（※單次購書金額未達1000元，請另付70元郵資。）

■出版日期：2025年05月
ISBN：978-626-7424-55-1　　　版權所有，未經同意不得重製、轉載、翻印。

版權所有，未經同意不得重製、轉載、翻印。

本作品中文繁體版通過成都天鳶文化傳播有限公司代理，經中國輕工業出版社有限公司授予蘋果屋出版社有限公司獨家出版發行及銷售，非經書面同意，不得以任何形式，任意重製轉載。